Mitología de la India

Un acercamiento fascinante a los mitos, dioses, y diosas de la India

© Copyright 2024

Todos los derechos reservados. Ninguna parte de este libro puede ser reproducida de ninguna forma sin el permiso escrito del autor. Los revisores pueden citar breves pasajes en las reseñas.

Descargo de responsabilidad: Ninguna parte de esta publicación puede ser reproducida o transmitida de ninguna forma o por ningún medio, mecánico o electrónico, incluyendo fotocopias o grabaciones, o por ningún sistema de almacenamiento y recuperación de información, o transmitida por correo electrónico sin permiso escrito del editor.

Si bien se ha hecho todo lo posible por verificar la información proporcionada en esta publicación, ni el autor ni el editor asumen responsabilidad alguna por los errores, omisiones o interpretaciones contrarias al tema aquí tratado.

Este libro es solo para fines de entretenimiento. Las opiniones expresadas son únicamente las del autor y no deben tomarse como instrucciones u órdenes de expertos. El lector es responsable de sus propias acciones.

La adhesión a todas las leyes y regulaciones aplicables, incluyendo las leyes internacionales, federales, estatales y locales que rigen la concesión de licencias profesionales, las prácticas comerciales, la publicidad y todos los demás aspectos de la realización de negocios en los EE. UU., Canadá, Reino Unido o cualquier otra jurisdicción es responsabilidad exclusiva del comprador o del lector.

Ni el autor ni el editor asumen responsabilidad alguna en nombre del comprador o lector de estos materiales. Cualquier desaire percibido de cualquier individuo u organización es puramente involuntario.

Índice de contenidos

INTRODUCCIÓN 1
CAPÍTULO 1: LA COSMOGONÍA HINDÚ 3
CAPÍTULO 2: VISHNU Y SUS MUCHOS AVATARES 12
CAPÍTULO 3: SHIVA EL DESTRUCTOR 26
CAPÍTULO 4: DIOSAS HINDÚES, PARTE I 38
CAPÍTULO 5: DIOSAS HINDÚES, PARTE II 50
CAPÍTULO 6: KRISHNA EL SUPREMO 62
CAPÍTULO 7: GANESHA, SEÑOR DE LA SUERTE 71
CAPÍTULO 8: CUENTOS DEL MAHABHARATA 83
CAPÍTULO 9: CUENTOS DEL RAMAYANA 94
CONCLUSIÓN 104
VEA MÁS LIBROS ESCRITOS POR ENTHRALLING HISTORY 106
BIBLIOGRAFÍA 107

Introducción

Una lectura concienzuda de los libros hindúes antiguos revela cuentos míticos tejidos de forma liosa, que principalmente surgen de la religión y la influencian. Gran parte de la mitología india se revuelve en la historia de dioses y diosas, historias de deidades sagradas y leyendas interconectadas con fuerzas de la naturaleza y forman aspectos significativos del mundo y la vida en la Tierra.

La mitología hindú encuentra su origen en gran medida en textos antiguos como los Puranas, los Vedas, el *Mahabharata*, y el *Ramayana*. En estos textos se aborda el entendimiento de la vida, los dioses y la creación, actuando como guías sobre la vida de civilizaciones del pasado. Además de abordar lo espiritual y lo religioso, estos textos antiguos también hablan sobre otros aspectos de la vida, como la medicina, la música y los mantras.

Este libro está diseñado para proporcionar un entendimiento global de la mitología de la India, sus diversas tradiciones y filosofías, y la forma en la que ha dado lugar a creencias religiosas todavía presentes en la actualidad. Aparte de hablar de la creación del mundo, el libro también estudia en detalle las numerosas deidades que tienen un papel importante en la mitología hindú y cómo contribuyen al entendimiento del mundo desde una perspectiva hinduista. También trata algunas de las leyendas e historias más populares presentes en la mitología de la India.

El análisis detallado de la mitología india en este libro debería ayudarle a entender su importancia y qué creencias, mitos y leyendas constituyen su eje central. Descubra historias que aportan otra visión sobre la vida cotidiana (sí, incluso hoy en día) y la espiritualidad. Le animamos a llegar a sus propias conclusiones sobre cómo estas historias podrían impactar a la manera en la que la gente entiende el mundo.

Capítulo 1: La cosmogonía hindú

Las historias de la creación de la mitología india se categorizan bajo la cosmogonía hindú y no existe una sola versión, sino que hay múltiples relatos que se superponen entre sí que hablan de cómo surgió el mundo. Algunos textos dan respuestas diferentes a la cuestión de la creación, y apelan al rol de diferentes deidades y fuerzas espirituales en la creación y el mantenimiento del orden y el balance en el universo.

Pese a que las historias de la creación están interconectadas en la mitología hindú, también se contradicen en algunos sentidos. No hay consenso sobre las creencias hindúes, y cada texto puede presentar una visión totalmente distinta sobre los orígenes de la vida. Igualmente, estas creencias constituyen un aspecto central del hinduismo, y su naturaleza contradictoria podría deberse al hecho de que estos relatos mitológicos se desarrollaron en diferentes periodos para responder a distintas preguntas sobre la existencia del mundo.

La creación los Vedas

Los cuatro Vedas, que comprenden miles de textos, tratan cada uno de diversos aspectos de la vida, la creación, la espiritualidad y la veneración. Uno de estos libros es el *Rigveda*, el texto más antiguo de los textos indios ancestrales. Cada uno de los Vedas tiene cuatro secciones clave, de las cuales los últimos Upanishad del periodo védico (la adición más reciente a los Vedas) hablan de la comprensión filosófica y la espiritualidad.

El *Rigveda*

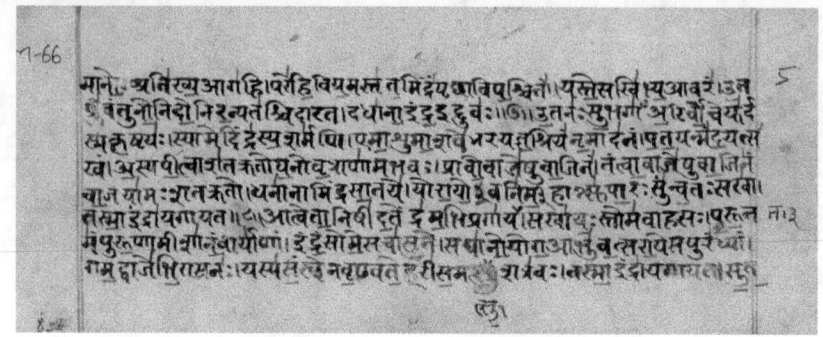

Fragmento del manuscrito del *Rigveda*
Sarah Welch, CC BY-SA 4.0 <https://creativecommons.org/licenses/by-sa/4.0>, via Wikimedia Commons; https://commons.wikimedia.org/wiki/File:1500-1200_BCE_Rigveda,_manuscript_page_sample_ii,_Sanskrit,_Devanagari.jpg

El *Rigveda* comprende más de mil himnos en honor a los dioses, en su mayoría a Indra. Estos himnos también tratan el tema de la creación. Muchos de estos himnos todavía se recitan en diversas festividades hindúes. El *Rigveda* originalmente se escribió en sánscrito védico, el cual acabaría transformándose en el sánscrito actual, y habla de la vida de los pueblos indoarios del periodo védico, sobre todo en lo que respecta a sus preguntas sobre la filosofía y la creación.

Gran parte de los escritos del Rigveda recurre a los simbolismos y las alegorías, lo cual deja el texto abierto a interpretación y resulta en versiones contradictorias sobre la creación del universo.

Por ejemplo, el *Púrusha-sukta*, un himno del *Rigveda*, relata que la creación tiene su origen en la destrucción del Púrusha. El Púrusha es descrito como el ser cósmico que siempre ha existido y siempre existirá. Hay una premisa indestructible, eterna y universal, el Púrusha se sacrificó y de su cuerpo emanaron las cuatro castas: Los chatrías, los brahmanes, los shudrás y los vaishias.

Otra historia de la creación es el huevo del mundo o huevo cósmico, que le da forma al mundo físico que nos rodea y se separó en la dualidad macho-hembra de la cual emergió la vida en la Tierra. También surgieron otras creaciones en el mundo, y eso lo incluye todo, desde el aire y el fuego hasta las personas, el universo y los dioses Agni e Indra.

Los Upanishads

Los Upanishads datan de finales del periodo védico, e indagan en el entendimiento de la relación entre los poderes cósmicos y los humanos. Los Upanishads hablan del "ser", Atman, que es todo lo que existía al principio. Aunque se puede considerar que Atman se refiere al alma, la traducción más exacta es el "ser" del individuo, que es la esencia de la vida. Del "ser" emergieron la Tierra y el empíreo, así como el cielo y el infierno, que son estancias temporales del renacimiento.

La naturaleza superpuesta de la mitología se observa en la narración de la creación de los Upanishads. Según estos textos, Púrusha solo existía como Atman al principio y luego se dividió en dos, macho y hembra, debido a la soledad. Es decir, la existencia surgió como una dualidad. El macho aceptó a la hembra, y la hembra, bajo la forma de una vaca, fue aceptada por el macho como un toro, así como otros animales, como los caballos y las ovejas. Más tarde, los dioses y sus poderes fueron creados, así como el fuego y los principios de la rectitud.

En esencia, los Upanishads retratan al "ser" como el principio de toda la creación, un no-ser del que emergieron los seres. Dado que Púrusha surgió a partir del "ser", él es el principio de la creación del mundo, y por él se sustenta la vida.

El Hiranyagarbha Sukta

El Hiranyagarbha Sukta es un himno del Rigveda que habla del huevo dorado o huevo cósmico, que se cree que es la semilla de la creación del universo y que existía antes de la propia creación. Cómo este huevo llegó a ser la semilla de la creación es objeto de debate. Una interpretación de los textos sugiere que Púrusha fertilizó un germen con la naturaleza material, prakriti, a partir del cual se creó el mundo.

Otras interpretaciones ven el huevo como la semilla de la creación, el dios Brahma salió de este huevo y creó el universo y todo lo que hay en él. Otros sugieren que tal vez Brahma era el huevo. Al igual que el "ser", el huevo existía antes que todo lo demás, era un no-ser del que surgieron otros seres. Aunque sea la semilla de la creación según algunos textos, la forma en que creó la vida tal y como la conocemos está abierta a interpretación.

Los Bráhmanas

Los textos Bráhmanas del Vedas dan una explicación de los himnos que hay en estas obras y, como tal, cuentan una historia sobre la creación del mundo. Esta historia gira alrededor de Prayápati, la principal deidad de la creación en el periodo védico. Aunque Prayápati ha sido utilizado para designar a varias deidades en textos más antiguos, los textos védicos posteriores se refieren a él como única deidad y señor de la creación. Se le suele identificar con Brahma, el dios hindú.

Se dice que Prayápati se sometió a Tapas, o austeridad, para reproducirse con una compañera femenina, a veces se afirma que es Vac, y otras veces Ushas. Del agua primigenia surgió el huevo dorado, del cual a su vez surgió Prayápati. Después él creó el universo, incluyendo todo lo que hay en él, así como a los devas (deidades benévolas) y los semidioses o asuras, quienes, según algunas fuentes, provocaron la oscuridad.

Los Bráhmanas hablan de una única línea de descendencia, al igual que otras grandes religiones del mundo, como el cristianismo y el islam, que sugieren que la raza humana proviene de Adán. Los Bráhmanas también describen un gran diluvio que arrasó la raza humana, y solo quedó Manu, el último hombre. De su sacrificio nació la diosa Ida, y con su poder, toda la raza humana actual descendió de él.

La cuestión de la creación: El *Nasadiya-sukta*

No todos los textos del *Rigveda* buscan responder a la cuestión del origen de la creación. Dado que los textos también tratan cuestiones filosóficas, el *Nasadiya-sukta*, conocido como el Himno de la Creación, plantea preguntas sobre qué llevó a la creación del universo en vez de buscar respuestas.

Este texto sugiere que cualquier dios al que se le atribuya la creación del universo no existía antes de su creación, sino que surgieron tras la creación del universo, lo que hace que la pregunta pase a ser cómo surgió el mundo sin dioses para crearlo. El texto no ofrece ninguna respuesta o explicación y sugiere que tal vez sea una verdad que nunca se conozca.

La creación en los Puranas

Los textos puránicos más antiguos datan de entre los siglos III y VIII de la era común. Los Puranas tratan las cuestiones de la cosmogonía y determinan el origen de diversos dioses. Algunos libros puránicos llevan nombres de dioses, y hablan de dónde vienen y el papel que juegan el crear y mantener la vida. Por lo tanto, los Puranas tratan gran variedad de mitos, cada uno ofrece diferentes explicaciones de la creación del mundo.

Algunos textos de los Puranas atribuyen la creación del mundo al dios Brahma, detallan el concepto del huevo dorado, que él pudo haber encarnado o del cual podría haber salido. Otros textos representan una estructura más jerárquica de la creación que emerge únicamente de Brahma, la máxima verdad universal y causa de la creación. En otras historias, Visnú, que es parte del Trimurti, es percibido como el origen de la creación. Según estas historias, Visnú creó a Brahma, el dios de cuatro caras. La encarnación de Visnú en la Tierra, Rama, que emergió de un sacrificio ígneo, es una de las encarnaciones más conocidas e idolatradas de Visnú.

Brahma procedió a crear aspectos del universo, incluyendo varios seres divinos y criaturas que emergieron de partes de su cuerpo, como serpientes de su pelo y vacas de su estómago. Los pueblos del periodo védico surgieron de las partes de su cuerpo y sus cuatro bocas. Brahma también creó un linaje. Sus esposas dieron a luz a otros seres celestiales y a toda la creación, incluyendo plantas y animales.

Brahmanda

El Brahmanda Purana es uno de los principales textos puránicos. El propio Brahmanda se refiere al huevo cósmico. El texto explica la formación del universo, sugiriendo que Brahma creó y dividió el universo en tres partes, que luego se continuaron subdividiendose en catorce partes. Estos reinos denotan la naturaleza de múltiples capas del universo y algunos de se agrupan para crear el cielo, el infierno y la tierra en un solo universo.

Las creaciones que vinieron después, tales como la de los seres vivos y la de los elementos de la tierra, vinieron a poblar dichos reinos. Algunos Puranas han sugerido la existencia de múltiples universos, aunque todos fueron creados, poblados y destruidos por Brahma. Los relatos mitológicos de Brahmanda también proporcionan representaciones de cómo es el universo, incluido el radio del universo y el tamaño y composición de sus diversos elementos, tales como las estrellas, el sol y la luna.

Facetas de la mitología de la creación

Las cuestiones de la creación dentro de la mitología india no se limitan a explicar simplemente cómo surgió el universo. Si bien gran parte analiza el papel de los dioses y varias deidades, los textos mitológicos también explican cuáles fueron estas creaciones. En estos textos también se analizan las ideas de tiempo, materia y vida, que componen el mundo.

La materia

Los Vedas, en particular, hablan de los elementos de la materia en el universo. Se cree que toda materia tiene tres cualidades esenciales o gunas:

- Pureza (sattva)
- Oscuridad o ignorancia (tamas)
- Energía del cambio (rajas)

La materia se crea cuando las tres cualidades se encuentran en tres estados posibles. La materia raíz, Pradhana, ocurre en un estado de equilibrio cuando las cualidades permanecen sin mezclar y sin manifestar, es decir, cuando las tres cualidades no han interactuado entre sí para crear otra materia. La materia primordial, o Prakrti, ocurre cuando los gunas se mezclan, pero no se manifiestan, creando un estado de agitación en el cual ha ocurrido interacción, pero no se ha creado nada más. Finalmente, la materia, Mahat-tattva, se crea cuando los gunas se mezclan y se manifiestan en materia nueva.

La materia raíz, o Pradhana, no puede actuar por sí sola, ya que los gunas que contiene existen en un estado no manifestado. Por lo tanto, carece de conciencia hasta que la agita un deseo primario de crear algo. Los textos no explican de dónde puede surgir este deseo ni cómo interactúan los gunas para complementar la creación.

La materia que finalmente se manifiesta, Mahat-tattva, abarca desde formas de existencia espirituales hasta formas individuales, conduciendo a la creación de elementos intangibles, como la personalidad, la inteligencia y la mente, y a la creación de elementos físicos, como el espacio, el fuego, el aire, el agua y la tierra, que corresponden a los sentidos y órganos creados en el cuerpo humano. El espacio se relaciona con la experiencia del sonido, el fuego con la vista, el aire con la piel, la lengua con el agua y la nariz con la tierra.

El tiempo

En la mitología india, el tiempo es cíclico e infinito. Cada universo que pasa será reemplazado por otros universos en un bucle continuo, lo que invariablemente hará redundante la cuestión de la fuente de la existencia. La creación y los estados de la materia que componen el universo están guiados por el tiempo, kala, que se extiende desde la concepción del universo hasta su destrucción, manteniendo dicho ciclo por toda la eternidad.

Los Puranas, el Mahabharata y los Manusmriti hablan de un ciclo infinito de tiempo y a menudo se los denota en términos de yuga, un período de tiempo, y, más notablemente en textos posteriores, como kalpa, un día de Brahma. El proceso de Prakrti, por ejemplo, ocurre en el lapso de una vida de Brahma, un maha-kalpa, que equivale a más de trescientos billones de años. Su materia se destruye en un período de tiempo igual.

Un kalpa dura más de cuatro mil millones de años, el mismo tiempo que tarda la materia en manifestarse, durante el cual tiene lugar todo el proceso de creación y destrucción, comenzando desde el siguiente kalpa. La destrucción parcial de la materia ocurre durante el pralaya, la noche de Brahma, de igual duración que un día de Brahma. Cada kalpa contiene mil maha-yugas, cada uno de los cuales dura más de cuatro millones de años y se divide en cuatro eras distintas: Satya, Treta, Dvapara y Kali. Kali es el tiempo presente y se ve como una época de maldad y caos.

La vida

El jiva-atma (también llamado jiva), el alma encarnada que ocupa un hogar temporal en el cuerpo humano, no es en sí mismo temporal, sino eterno. Se cree que no ha sido creado ni destruido. Una vez manifestada, cada jiva está cubierta por un guna de una manera distinta, lo que permite que diversas materias interactúen entre sí. Por ejemplo, un ser consciente, como un ser humano, interactúa con una materia inconsciente, como la mente, que no tiene manifestación física.

El mundo material es Maya, no eterno y temporal, y existe en estados de manifestación y no manifestación. Es decir, el mundo existía simultáneamente en forma física para las personas que vivían en él y como materia no física. Como tal, se considera una irrealidad en la medida en que puede parecerse más a la realidad virtual, algo que sólo existe para las personas que la experimentan. El Maya se denota por la interacción entre jiva y objetos temporales. Una jiva comienza a identificarse con su cuerpo material temporal a través de interacciones materiales, entrando en un estado de nesciencia o ignorancia.

La liberación, o moksha, para una jiva se logra con la autorrealización, o atman-jnana, que conduce a la conciencia de la verdadera identidad espiritual y eterna de la jiva. La práctica hindú cree que la observancia del camino recto, el dharma, es esencial para lograr moksha, que es importante para liberar las cualidades positivas

contenidas en el jiva, que están ocultas por Maya.
El multiverso

Krishna
Sujit Kumar, CC BY-SA 3.0<https://creativecommons.org/licenses/by-sa/3.0>, vía Wikimedia Commons; https://commons.wikimedia.org/wiki/File:Lord_Krishna.jpg

Como indican los textos de Brahmanda, Brahma creó múltiples universos, cada uno poblado con sus propias creaciones. La naturaleza del tiempo, como se explica en la mitología india, es tal que cada uno de estos universos se crea y se destruye dentro de un kalpa, y muchos de estos universos existen al mismo tiempo en catorce lokas o reinos.

La teoría del multiverso dentro de la mitología hindú habla de que estos universos existen al mismo tiempo independientemente unos de otros. Cada universo está gobernado por la trinidad de los tres dioses principales: Vishnu, Brahma y Shiva. Varios textos puránicos y de otro tipo explican la naturaleza de estos universos, indicando que cada uno contiene los siete elementos de tierra, fuego, agua, cielo, aire, energía y ego. Estos universos también son ilimitados y se mueven como "átomos" en el gran esquema de la creación.

La naturaleza cíclica del tiempo guía la creación, destrucción y recreación de los universos dentro del multiverso. Cada multiverso se disuelve dentro de un maha-kalpa, sólo para que el proceso de creación comience de nuevo. Entonces emerge otro multiverso, tan grande e innumerable como el anterior. En cada multiverso existen siete lokas superiores y siete inferiores, aunque esta idea varía según la fuente. Diferentes textos ofrecen diferentes ideas sobre la teoría del multiverso.

Capítulo 2: Vishnu y sus muchos avatares

Una de las principales deidades del hinduismo es Vishnu, conocido por ser el guardián y preservador cósmico. Por lo general, se lo representa como un hombre de piel azul con cuatro brazos que sostienen objetos en sus manos, generalmente una caracola, un disco, una flor de loto y una maza. Los numerosos avatares o encarnaciones que ha sufrido Vishnu, que se dice que son representaciones terrenales de su esencia santa, son los que lo distinguen de otros dioses hindúes. La mitología hindú sostiene que Vishnu adoptó diez avatares importantes, denominados colectivamente Dashavatara, para restablecer la armonía y el orden en el cosmos.

Algunos de los mitos más fascinantes y populares del hinduismo son los de los avatares de Vishnu. Cada avatar, desde Rama hasta Krishna, posee una personalidad distinta y desempeña un papel particular. Por ejemplo, Krishna es visto como un dios encantador y travieso que personifica el amor y la devoción, mientras que Rama es venerado como el monarca ideal y la personificación de la rectitud.

Una cosa interesante a tener en cuenta aquí es que el hinduismo no es la única religión en la que se manifiesta Vishnu. Las leyendas de los avatares de Vishnu han sido adoptadas en una variedad de culturas del sudeste asiático, incluidas la javanesa y la balinesa. Hay varias representaciones de los avatares de Vishnu en todo el complejo de templos de Angkor Wat en Camboya, la estructura religiosa más grande del mundo.

Profundizaremos en el intrigante mundo de Vishnu y sus numerosos avatares en este capítulo. Mientras exploramos los cuentos y leyendas que rodean a cada avatar, veremos sus orígenes, significados y símbolos. También veremos cómo la idea de un avatar ha cambiado a través del tiempo, desde sus raíces en la antigua mitología hindú hasta sus manifestaciones culturales y artísticas contemporáneas.

El omnipresente: Señor Vishnu

En el hinduismo, el Señor Vishnu es adorado como el defensor y preservador del cosmos. Es conocido por ser uno de los dioses principales. Vishnu es conocido por varios nombres, uno de los cuales es "el Omnipresente", una referencia a su poder para expresarse en todas las cosas y seres del universo. Se dice que las tres características de la existencia: sattva (pureza), rajas (pasión) y tamas (ignorancia), están encarnadas en el Señor Vishnu. Se cree que impregna todos los seres vivos, desde el átomo más pequeño hasta el enorme cosmos. Mantener el delicado equilibrio entre las fuerzas de la creación y la destrucción es crucial para su posición como defensor y preservador del universo.

Vishnu pertenecía a la familia de dioses celestiales conocida como los Adityas, que surgieron del útero de Aditi y eran doce (todos varones). Se cree que tomó muchas encarnaciones diferentes en la Tierra, conocidas como sus avatares, para traer armonía y orden al cosmos.

Avatares del Señor Vishnu

Según la mitología hindú, Vishnu ha asumido diez avatares importantes, denominados colectivamente Dashavatara, para restablecer el equilibrio en el cosmos. Cada avatar corresponde a una época histórica determinada y refleja una faceta diferente de la divinidad de Vishnu. Los diez avatares son Matsya (pez), Kurma (tortuga), Varaha (jabalí), Narasimha (mitad león, mitad hombre), Vamana (enano), Parashurama (sabio guerrero), Rama (el héroe del Ramayana), Krishna (el héroe del Mahabharata), Balarama (el hermano mayor de Krishna) y Kalki (el destructor del mal). Ocasionalmente se agrega a Buda a la lista de avatares del Señor Vishnu en lugar de Balarama debido a la influencia de ciertas sectas que consideran a Buda como una encarnación de Vishnu. Sin embargo, se cree más comúnmente que Balarama es el noveno avatar de Vishnu.

Matsya: el pez

En la mitología hindú, Matsya, que es el avatar original del Señor Vishnu, es una figura clave que se cree que apareció en el Satya Yuga (3.747.102 a. C.). El término sánscrito matsya significa "pez" y el avatar se muestra como un pez enorme con rostro humano. El mito hindú de la creación, que ve el universo destruido y recreado en un proceso cíclico, es la fuente del relato de Matsya.

Matsya es honrado en festivales y rituales en toda la India, donde es venerado como una representación de la fertilidad y la abundancia.

Una imagen de Matsya
https://commons.wikimedia.org/wiki/File:Matsya_avatar.jpg

Los Vedas, que se consideran verdades eternas, se transmitieron oralmente durante decenas de miles de años antes de que Veda Vyasa los compilara por escrito. Los Vedas supuestamente fueron tomados del creador del universo, Brahma, por el demonio Hayagriva. El Señor Vishnu tomó la forma de Matsya y se sumergió en el océano en busca de los Vedas. Matsya informó al rey Manu de una inundación inminente y le dio la orden de construir un barco que pudiera albergar diversas variedades de semillas, hierbas medicinales, siete santos, la serpiente Vasuki y otros animales. Y así, Matsya se convirtió en el protector de la vida, salvando a Manu y a estos otros seres vivos.

El agua, que representa tanto el poder de la creación como la fuente de vida, está fuertemente relacionada con Matsya. El pez es considerado como una representación de fertilidad y abundancia. En el arte hindú, se ve con frecuencia a Matsya sosteniendo una caracola en una mano y un halo de agua en la otra, lo que significa su papel como guardián de la vida. El avatar Matsya ha recibido muchos elogios en la cultura contemporánea, especialmente en la literatura, el cine y las artes visuales.

Kurma: la tortuga

El segundo de los diez avatares del Señor Vishnu en la mitología hindú es Kurma, también conocido como Kurmavatara. Este avatar también aparece en el Satya Yuga. Los Puranas cuentan la historia de Kurma, la cual es considerada un incidente importante en la mitología hindú.

La historia mítica de Samudra Manthan ("la agitación del océano") sirve como base para el origen de Kurma. Según la tradición, los Devas (dioses) y los Asuras (demonios) colaboraron para agitar el océano y adquirir el néctar de la inmortalidad. La montaña que estaban utilizando como batidor comenzó a hundirse en el océano. Según la leyenda, el Señor Vishnu se transformó en tortuga y sostuvo la montaña sobre su espalda para evitar que se hundiera.

Una imagen de Kurma
https://commons.wikimedia.org/wiki/File:Kurma_Avatar_by_Raja_Ravi_Varma.jpg

La tortuga simboliza estabilidad, firmeza y perseverancia. Se le considera como una representación de la omnipotencia del Señor Vishnu, asi como de su capacidad para soportar el peso del universo entero. El uso de la tortuga también sirve como metáfora de la tierra, que se muestra descansando sobre el cascaron de una enorme tortuga.

El concepto de Kurma como avatar se ha transformado y reinterpretado a lo largo del tiempo en una variedad de contextos culturales y creativos. Varias obras de arte, tales como pinturas, esculturas y otras muestras de arte popular, han representado el mito de Kurma. En toda la India, este avatar puede verse en numerosos templos y estructuras.

Además, la narrativa de Kurma también se entiende desde una perspectiva espiritual, que se suma a su relevancia cultural. El concepto de altruismo (en este caso, estar preparado para llevar el peso del mundo por un bien mayor) se ve representado en esta historia. También representa el camino que debe recorrer el alma en su camino hacia la iluminación.

Varaha: el jabalí

En la mitología hindú, Varaha, a menudo conocido como el Jabalí, es la tercera forma del Señor Vishnu. La palabra Varaha es un término protoindoiraní para jabalí (warajha). El avatar Varaha, que se asemeja a un jabalí con cuerpo humano, es venerado como el guardián de la tierra. El concepto de este avatar se remonta a la época de Satya Yuga.

Un día, la Tierra supuestamente fue tomada por el demonio Hiranyaksha, quien la ocultó en las profundidades del océano cósmico. El Señor Vishnu, asumiendo la forma de un jabalí, se sumergió en el océano para recoger la tierra. Se involucró en un sangriento conflicto con el demonio Hiranyaksha antes de finalmente derrotarlo y liberar a la tierra de su control.

Este avatar del Señor Vishnu simboliza fuerza y protección. Representa la capacidad del Señor Vishnu para salvar al universo de las malas influencias. El jabalí representa poder, agresión y tenacidad.

Varaha era considerado un signo fuerte y protector en la antigüedad. Se pensaba que Varaha protegía la tierra de calamidades como inundaciones, terremotos y erupciones volcánicas. Muchos hindúes todavía adoran a Varaha en la era moderna. Se cree que adorar al avatar Varaha ayuda a superar los desafíos y lograr el éxito en la vida.

Varaha ha aparecido en muchas formas diferentes en el arte y la cultura contemporáneos de la India. El Vishnu con cabeza de jabalí se muestra en pinturas, esculturas y murales. En algunos medios artísticos se le muestra como un guerrero feroz, mientras que en otros se le retrata como un amable protector. La historia detrás de este avatar sirve como recordatorio de la necesidad de defender el planeta y la necesidad de combatir los poderes malignos que representan una amenaza para el universo.

Narasimha: el hombre-león

En la mitología hindú, Narasimha, también conocido como el Hombre-León, es la cuarta forma de los diez avatares del Señor Vishnu y se cree que apareció en el Treta Yuga (2.055.102 a. C.). El nombre en español "Narasimha" se forma combinando las palabras sánscritas nara, que significa "hombre", y simha, que significa "león". El avatar de

Narasimha es retratado con cuerpo humano y cabeza de león y es venerado como defensor de sus seguidores.

Según la leyenda hindú, Hiranyakashipu, el rey demonio, deseaba asesinar a su propio hijo, Prahlada, que era seguidor del Señor Vishnu. Hiranyakashipu obtuvo una bendición que le hizo imposible ser asesinado por cualquier persona o animal en cualquier momento del día o de la noche, dentro o fuera, o por cualquier tipo de arma. Al anochecer, cuando no era ni de noche ni de día, el Señor Vishnu tomó la forma de Narasimha, una entidad que no era ni humana ni animal, y mató a Hiranyakashipu en la entrada de su palacio.

El avatar de Narasimha es la representación de la protección y la justicia. Representa la capacidad del Señor Vishnu para defender a sus seguidores de los poderes del mal y promover la justicia en todo el cosmos. El cuerpo humano es una representación de inteligencia, sabiduría y compasión, mientras que el león representa poder, valentía y valentía.

Muchos hindúes todavía veneran a Narasimha en la actualidad. Se cree que adorar al avatar de Narasimha fomenta el coraje y el poder interior. Para los hindúes, la historia de Narasimha sirve como recordatorio del valor de salvaguardar a los creyentes y apoyar el estado de derecho.

Vamana: el sacerdote enano

La quinta encarnación del Señor Vishnu en la mitología hindú es Vamana, a quien a menudo se le conoce como el Enano. Se cree comúnmente que el avatar apareció durante el Treta Yuga. El avatar Vamana es visto como una representación de humildad y altruismo, y se cree que tomó forma humana para impartir a los humanos el valor de estos atributos.

Se decía que Bali, el rey demonio, había aduirido invencibilidad y se había apoderado del universo. Vamana solicitó tierras que podía atravesar en tres pasos cuando estuviera en la corte del rey Bali. Bali accedió a la solicitud, pensando en lo que podría abarcarse en tres pasos. Con su primer y segundo paso, Vamana, que se había vuelto enorme, cubrió la tierra y el vacío entre ella y los cielos. Bali ofreció su cabeza como tercer paso porque Vamana no tenía adónde ir para dar el tercer paso. Vamana puso su pie sobre la cabeza de Bali y lo envió a gobernar el inframundo. En esta encarnación, a Vamana se le conoce como Trivikrama, el "Dios de los Tres Pasos".

Este avatar representa modestia y altruismo. Sirve como recordatorio del valor de vivir con sencillez y dar sin esperar nada a cambio. El Enano es una representación de cuán modestas son las aspiraciones materiales en relación con las inconmensurables riquezas espirituales.

Vamana ha aparecido en muchas formas diferentes en el arte y la cultura contemporáneos de la India. Se le retrata en diversas posturas en esculturas, pinturas y mosaicos para representar sus diferentes características. En ciertos medios artísticos se le muestra como una figura divina amable y serena, pero en otros se le retrata como un guerrero temible.

Una escultura de lo que se cree que es Vamana
Sudhamshu Hebbar, CC BY 2.0 <https://creativecommons.org/licenses/by/2.0>, vía Wikimedia Commons; https://commons.wikimedia.org/wiki/File:Vamana_Avatar.jpg

Parashurama: rama con un hacha

Uno de los diez avatares del Señor Vishnu es Parashurama, también conocido como Rama con el hacha o el "Hombre enojado". La palabra "Parashurama" es una combinación de las palabras parashu, que significa "hacha", y Rama, que se refiere al protagonista de la epopeya Ramayana. La mitología hindú sostiene que el Señor Vishnu tomó la forma de Parashurama durante el Treta Yuga, cuando el mal y la corrupción proliferaban en el universo.

La historia del nacimiento de Parashurama se cuenta en varias escrituras hindúes, pero el Mahabharata es la versión más leída. Este relato afirma que el sabio Jamadagni y su esposa Renuka eran los padres de Parashurama. Jamadagni, un seguidor del Señor Shiva, le dio a Parashurama una amplia instrucción en artes marciales, combate y devoción. Una tropa de Kshatriyas (miembros de la casta guerrera), liderada por el rey Kartavirya Arjuna, visitó el ashram de Jamadagni (un lugar donde las personas hacen retiros espirituales o religiosos) un día en que Parashurama no estaba, solicitando la hospitalidad del sabio.

Jamadagni era un sabio amable, por lo que les dio la bienvenida y les dio comida. Los Kshatriyas vieron a la vaca divina Kamadhenu, que pertenecía a Jamadagni, y se les antojó tomarla por la fuerza. El rey Kartavirya fue asesinado por Parashurama con su hacha en un ataque de furia. Después de enterarse de que un brahmán había matado a un guerrero, el sabio Jamadagni ordenó a Parashurama emprender un viaje para ser purificado. Cuando regresó, Parashurama se enteró de que su padre había sido asesinado por los hijos de Kartavirya. Parashurama mató a todos los guerreros de la tribu del rey en un acto de ira.

El hacha de Parashurama, que manejaba con tremenda habilidad y salvajismo, le sirve como emblema. Su función como cazador del mal y defensor del bien está representada por dicha hacha. Una representación común de Parashurama es la de un hombre poderoso con cabello enmarañado, barba larga y mirada feroz. A menudo se le representa sosteniendo un hacha en una mano.

Una imagen de Parashurama
https://commons.wikimedia.org/wiki/File:Parashurama_with_axe.jpg

El Señor Rama: el hombre perfecto

Se cree que el Señor Rama, considerado una de las deidades más veneradas del hinduismo, es la séptima encarnación del Señor Vishnu y también se le conoce como Ramachandra. Con frecuencia se le conoce como el "Hombre perfecto" debido a su devoción al dharma (rectitud) y su maravillosa personalidad. Se cree que este avatar apareció en el Treta Yuga.

La mitología hindú afirma que el Señor Rama nació del rey Dasharatha y la reina Kausalya en la ciudad de Ayodhya, en el norte de la India. Era el mayor de cuatro hermanos y su gurú (maestro espiritual), Vishwamitra, lo instruyó en artes marciales y espiritualidad. El Señor Rama es conocido por su incomparable amor por sus padres, su esposa Sita, su hermano Lakshmana y toda la creación. Además, es muy conocido por su legendario conflicto con Ravana, el rey demonio que secuestró a Sita.

Una imagen de Rama
https://commons.wikimedia.org/wiki/File:Lord_Rama_with_arrows.jpg

El arco y la flecha de Rama, los cuales empleó para eliminar las fuerzas del mal y mantener el dharma, le sirven de emblema. Por lo general, se le ve junto a su esposa Sita, su hermano Lakshmana y un ferviente seguidor llamado Hanuman. Rama tiene una tez azul u oscura, lo que indica sus vínculos con Vishnu.

El relato del Señor Rama se utilizó con frecuencia como evidencia de la importancia de cumplir con las obligaciones y adherirse al dharma. Estuvo relacionado con el movimiento bhakti (devoción o amor) en la época medieval, que enfatizaba el valor de la devoción por encima de las prácticas convencionales. El Señor Rama ha llegado a representar el nacionalismo hindú en los tiempos modernos, y su imagen se explota para afirmar la supremacía del hinduismo sobre otras religiones y promover la identidad hindú.

El Señor Krishna: el divino estadista

Uno de los dioses más queridos del hinduismo es el Señor Krishna, quien se cree que es el octavo avatar del Señor Vishnu que apareció en el Dvapara Yuga (el tercer yuga). Son bien conocidas su naturaleza celestial, su inteligencia y su papel como líder y guerrero. La epopeya histórica Mahabharata, así como el Bhagavata Purana y otros escritos, cuentan la historia del Señor Krishna.

La mitología hindú afirma que en la ciudad de Mathura, en el norte de la India, el rey Vasudeva y la reina Devaki dieron a luz a Krishna. El padre Vasudev escoltó al Señor Krishna a través del turbulento río Yamuna hasta Gokul en una canasta para protegerle. Yashoda y Nanda adoptaron a Krishna y lo criaron en Gokul. El Señor Krishna es conocido por su afición a las pastoras de vacas (gopis), su forma de tocar la flauta asi como por su personalidad divertida y traviesa.

La flauta del Señor Krishna y la pluma de pavo real sirven como símbolos. Aparece frecuentemente con su amada Radha, su hermano Balarama y Arjuna, uno de sus devotos seguidores. Su piel azul sugiere que está conectado con el Señor Vishnu.

Una estatua de Krishna en el templo Sri Mariamman en Singapur
AngMoKio, CC BY-SA 3.0 <https://creativecommons.org/licenses/by-sa/3.0>, via Wikimedia Commons;
https://commons.wikimedia.org/wiki/File:Sri_Mariamman_Temple_Singapore_2_amk.jpg

Sus enseñanzas en el Bhagavad Gita (una secuencia de setecientos versos que forma parte de la epopeya Mahabharata) alguna vez fueron consideradas como un manual para reyes y guerreros.

El Bhagavad Gita contiene una ilustración de la tenacidad del Señor Krishna. La parijata (una especie de flor de loto que crece en los planetas celestiales) estaba en el centro de una disputa entre Krishna e Indra, el rey del Cielo. Una de las reinas de Krishna, Satyabhama, pidió la flor, pero Indra la rechazó. Como resultado, Krishna y los dioses, incluidos los Pandavas (cinco hermanos), se involucraron en un feroz conflicto. Al final, Krishna triunfó, tomó la flor parijata y se la dio a Satyabhama. Le dio a Narada Muni la orden de decirles a todos, incluidos los no devotos, que ningún semidiós podría obligarlo a romper su palabra a su reina. Así, al cumplir su palabra a Satyabhama, Krishna demostró su dedicación.

Las enseñanzas de Krishna han motivado a generaciones de hindúes a profundizar en la naturaleza de la realidad y el significado de la vida. El Señor Krishna sigue siendo adorado y venerado por los hindúes en la actualidad.

Balarama: el hermano mayor de Krishna

Balarama, también conocido como Baladeva o Balabhadra, es un avatar del Señor Vishnu. También apareció en el Dvapara Yuga. Con frecuencia se le muestra como un hombre alto y poderoso que tira de un arado y se dice que es el hermano mayor del Señor Krishna.

El rey Vasudeva y su esposa Rohini dieron a luz a Balarama. Fue criado en Gokul con su hermano menor Krishna bajo el cuidado de su madre adoptiva, Yashoda. Balarama se hizo famoso por su poder y su destreza con el arado, que utilizaba para cultivar la tierra y defender a su pueblo de cualquier daño. Balarama empuña un arado como arma y lo emplea en diversos actos. Según el Bhagavata Purana, lo utilizó para combatir demonios, crear un camino para que el río Yamuna llegara a Gokul e incluso trasladar toda la capital de Hastinapura al río Ganges.

El Señor Vishnu tomó la forma de Balarama por varias razones. Quería deshacerse de Ravana, el rey demonio, y ayudar al rey Yadu a gobernar su país. Ambos objetivos fueron logrados por el Señor Vishnu a través del avatar de Balarama.

Balarama es visto como una representación de fuerza y defensa. Se le vincula frecuentemente con el sol, la luna y la tierra, así como con la agricultura. En ciertas historias, también se le vincula con la serpiente y se considera que posee la capacidad de domesticarla y controlarla.

Kalki: el poderoso guerrero

Kalki, también conocido como Kalkin, es considerado como la última y décima encarnación del Señor Vishnu. Se cree que es un guerrero fuerte que aparecerá al final del Kali Yuga, la era actual de oscuridad y destrucción, para devolver el orden al universo.

Kalki es representado montando un caballo blanco con una espada en la mano. Se le presenta como un salvador que llegará para derrotar al mal y marcar el comienzo de una nueva era de estabilidad y armonía.

Una imagen de Kalki sobre su caballo blanco
https://commons.wikimedia.org/wiki/File:Kalki_Avatar_by_Ravi_Varma.jpg

La mitología hindú atribuye la victoria final del bien sobre el mal a Kalki, a quien con frecuencia se retrata como una figura de esperanza. También se le considera una figura divina que restablecerá el equilibrio natural del universo y conducirá a la gente hacia un futuro más pacífico y próspero.

Conclusión

Las historias de los avatares de Vishnu sirven como testimonio de la belleza perdurable de la mitología india. Sirven para darnos una idea del rico y colorido mundo de los dioses, diosas y héroes y nos recuerdan las virtudes del amor, la fidelidad y la rectitud.

Los devotos adoran al Señor Vishnu a través de una variedad de ritos y ofrendas, que incluyen cantar su nombre, recitar sus himnos y regalarle flores y frutas.

Capítulo 3: Shiva el Destructor

El Señor Shiva es una de las tres deidades principales del hinduismo, junto con Brahma y Vishnu. Se le considera el dios de la destrucción y la renovación y, a menudo, se le representa como un yogui (un practicante de yoga) que medita en la cima del monte Kailash. Mucha gente considera a Shiva como el dios del yoga y las artes.

Shiva puede ser reconocido por una serie de características distintivas, incluido el tercer ojo en su frente, la serpiente Vasuki envuelta alrededor de su cuello, la luna creciente que adorna su frente y el tridente que sostiene. Por lo general, se le venera como un icono llamado lingam. Las enseñanzas de Shiva enfatizan la importancia de dejar de lado el apego y aceptar el cambio, tanto a nivel personal como universal. Shiva representa la verdad, la bondad y la belleza y es responsable de la destrucción del ego.

Hay muchos festivales y rituales dedicados a Shiva a lo largo del año, siendo el más famoso Maha Shivaratri, o la Gran Noche de Shiva. Este festival se celebra a finales del invierno y es un momento de ayuno, meditación y oración. Para obtener la bendición y protección de Shiva, los fieles le ofrecen oraciones, flores y delicias.

Imagen de Shiva
https://www.pexels.com/photo/photo-of-lord-shiva-statue-in-india-7104962/

Shiva: El Señor de la destrucción

La Trimurti es la trinidad de los tres dioses principales del hinduismo: Brahma, Vishnu y Shiva. Brahma es considerado el creador del universo, Vishnu el preservador y Shiva el destructor por excelencia. Cuando llegue el fin de los tiempos, el trabajo de Shiva será disolver todos los mundos en la nada. Esta idea está en línea con teorías cosmológicas actuales, que postulan que la expansión de un agujero negro masivo consumirá material de innumerables galaxias, lo que podría causar el fin del universo físico dentro de unos pocos miles de millones de años. Para los hinduistas, Shiva puede estar actuando en esa capacidad como ese agujero negro o como el creador del mismo.

Es fácil suponer que el papel de Shiva se limita a la destrucción, pero no es así. Shiva tiene varias tareas que cumplir antes de que el mundo realmente llegue a su fin. Su principal deber es eliminar todo para mantener el Rta o el orden del universo. La destrucción de las cosas por parte de Shiva es una fuerza positiva que alimenta y desarrolla energía para el beneficio del mundo y sus habitantes. La devastación de Shiva ayuda a la evolución, el cambio y la transformación de la naturaleza, así como al paso fluido de objetos y sucesos de una fase a la siguiente.

Shiva destruye los defectos de las personas para que puedan progresar espiritualmente. Él destruye sus engaños, deseos e ignorancia, así como su naturaleza malvada y negativa. Shiva también ayuda en el desarrollo personal de las personas purgando sus mentes de viejos recuerdos y separándolas de impurezas, karma negativo, emociones y cualquier otro obstáculo que obstaculice su crecimiento. Con su ayuda, se cree que las personas pueden avanzar y alcanzar la iluminación interior sin ningún conflicto. Shiva puede incluso eliminar la muerte misma. Él es la fuente de vida y existencia y, por tanto, está asociado con la vitalidad.

El Señor Shiva: el yogui asceta

El Señor Shiva es ampliamente venerado como un yogui ascético y es considerado el primer yogui. Se afirma que Shiva se convirtió en un asceta viajero al renunciar a todos los placeres y bienes materiales del mundo. A menudo se le representa viviendo en bosques y montañas remotos, meditando durante largos períodos de tiempo y subsistiendo con escasas ofrendas del mundo natural. Su vestimenta característica de taparrabos sencillo, cabello enmarañado y cuerpo manchado de ceniza demuestra su estilo de vida ascético.

Uno de los acontecimientos más importantes en la vida de Shiva es su meditación en el monte Kailash. Cuenta la leyenda que Shiva meditó en la montaña durante siglos, alcanzando un estado de profunda conciencia espiritual e iluminación. Durante este período, fue conocido como Adiyogi, o el primer yogui, y se dice que impartió el conocimiento del yoga a sus primeros discípulos, los Saptarishis o los siete sabios.

Otro episodio importante en la vida de Shiva es su encuentro con Tripura, tres ciudades construidas por Mayasura, un brillante arquitecto. Estas ciudades eran prósperas, pero también impías. Shiva destruyó a Tripura con sus poderes yóguicos, restaurando así el equilibrio del universo.

Shiva logró esta hazaña cuando los dioses le dijeron que los Asuras se habían vuelto malvados y dejaron de adorar a los Vedas. Le pidieron que detuviera a los Asuras y Shiva accedió a hacerlo. Shiva le pidió a Vishvakarma, el arquitecto de los dioses, que le hiciera un carro, un arco y flechas. Vishvakarma obedeció y creó un carro de oro puro. Con Brahma al frente, Shiva cabalgó hacia Tripura. En el segundo exacto en que las tres ciudades se alinearon (las ciudades se movían constantemente y solo permanecían en línea recta durante unos momentos cada mil años), Shiva lanzó el Pashupatastra, su flecha más mortífera, contra las tres ciudades, destruyéndolas y quemándolas. ellos al instante.

Otro cuento sugiere que cuando las ciudades se fusionaron, el Señor Shiva solo sonrió, y su sonrisa prendió fuego a las ciudades, quemándolas y destruyendo Tripura.

Las muchas formas del Señor Shiva

El Señor Shiva es una deidad compleja y multifacética con una rica mitología. Es venerado por decenas de millones de hindúes en todo el mundo y se le considera un símbolo importante de la naturaleza cíclica de la existencia.

Shiva como Mahadeva

Shiva, como Mahadeva, es una deidad prominente en el hinduismo y ocupa un lugar importante en las sectas shaivitas de la India. El Señor Shiva es considerado la encarnación del Ser Supremo (Brahma), que representa el elemento destructivo de la Trimurti. Mahadeva se asocia con la destrucción, pero esto no se considera un acto negativo, sino más bien un paso necesario en el ciclo de creación y renovación.

Algunos eruditos creen que, como Mahakala, destruye y disuelve todo en la nada, pero como Shankara, reproduce aquello que ha sido destruido y disuelto. Por lo tanto, él es a la vez el creador y el destructor del universo.

El lingam, el símbolo de Shiva en forma de falo, representa su poder reproductivo, que es fundamental para el ciclo de la vida y la creación. Como Mahadeva, él es el señor supremo que gobierna las fuerzas de destrucción y creación y los ciclos de vida y muerte. Él es la fuente última de toda energía y poder.

Shiva como Nataraja

Nataraja es la forma de baile del Señor Shiva y es una de sus representaciones más famosas y reconocidas. La palabra "Nataraja" se deriva de las palabras sánscritas nata, que significa "danza" y raja, que significa "rey". Esta representación del Señor Shiva es uno de los iconos hindúes más conocidos, y todavía se hacen esculturas de bronce del mismo en algunas regiones del sur de la India, particularmente en la región de Chidambaram.

Una escultura Chola de la forma danzante del Señor Shiva
https://en.wikipedia.org/wiki/File:Shiva_as_the_Lord_of_Dance_LACMA_edit.jpg

La forma Nataraja del Señor Shiva se considera una obra maestra del arte Chola. Chola fue uno de los reinos tamiles más poderosos durante la época medieval, proveniente del sur de la India. Las esculturas de Chola son famosas por su exquisita belleza y sus intrincados detalles.

Shiva como Ardhanarishvara

Ardhanarishvara es una representación única y fascinante del Señor Shiva y su consorte Parvati, la diosa del poder y la fertilidad. Esta deidad a menudo se representa como una figura que combina rasgos masculinos y femeninos. El término Ardhanarishvara significa literalmente "mitad hombre, mitad mujer" en sánscrito.

La imagen icónica de Ardhanarishvara retrata al dios con la mitad derecha de su cuerpo asemejándose a Shiva, con su característico cabello enmarañado, tercer ojo y tridente, mientras que la mitad izquierda se asemeja a Parvati, con sus curvas femeninas y adornada con joyas y flores. Esta fusión única simboliza la naturaleza inseparable de las energías masculina y femenina que existen dentro del universo, conocidas como Purusha y Prakrti, respectivamente.

El concepto de Ardhanarishvara enfatiza la idea de que los principios divinos masculino y femenino están interconectados y son interdependientes y que ambos son necesarios para la creación, el sustento y la transformación del mundo. Ardhanarishvara se asocia a menudo con la idea de equilibrio y armonía y la trascendencia de la dualidad, ya que, en esta forma, Shiva es mitad mujer y mitad hombre, siendo ambos y ninguno al mismo tiempo. Esta deidad también es a veces venerada como un símbolo de unidad divina y androginia, así como una fuerza poderosa para la transformación y el crecimiento espiritual.

Shiva como Bhairava

Bhairava es una forma feroz del Señor Shiva y está asociada con la muerte y la destrucción. Se le suele representar con un perro como montura. A pesar de su aterradora apariencia, Bhairava es conocido como el protector de mujeres y niños, y se cree que su adoración les ofrece seguridad y protección. El término bhairava es una palabra sánscrita que significa "terrible" o "espantoso".

Según la mitología hindú, Bhairava fue creado por el Señor Shiva para proteger la ciudad santa de Varanasi (también conocida como Kashi) de energías negativas y espíritus malévolos. La ciudad se considera un lugar sagrado para los hindúes y se cree que la presencia de Bhairava la santifica y salvaguarda. Se cree que Bhairava es el protector de los ocho puntos cardinales, que incluyen norte, sur, este, oeste, noreste, noroeste, sureste y suroeste. Como guardián de las direcciones, Bhairava es considerado una deidad omnipresente y que todo lo ve que protege a los devotos del daño y las influencias negativas.

A pesar de la temible reputación de Bhairava, es venerado por su benevolencia y compasión. A menudo se le adora como una deidad que puede otorgar bendiciones y favores a los devotos que buscan su ayuda.

Shiva como Pashupati

El término Pashupati se deriva de las palabras sánscritas pashu, que significa "animal" y pati, que significa "señor" o "maestro". Por lo tanto, a Pashupati a menudo se le conoce como el "señor de los animales", lo que refleja la estrecha asociación del Señor Shiva con el mundo natural.

La afiliación del Señor Shiva con el toro conocido como Nandi, que frecuentemente se muestra como su montura, es una de las formas más notables en las que se conecta con los animales. El toro simboliza fuerza, virilidad y fertilidad y se considera un animal sagrado en el hinduismo. El toro también representa la firme devoción de los devotos del Señor Shiva, quienes se cree que son como Nandi en su lealtad y dedicación.

El Señor Shiva también está asociado con el tigre, que representa poder, fuerza y ferocidad. Los tigres son vistos como depredadores poderosos en la naturaleza y, a menudo, se utilizan para representar la naturaleza feroz e inflexible del Señor Shiva, así como su papel como protector del universo.

Cómo Shiva se volvió azul

Según la tradición, los Devas y los Asuras, que eran primos, estaban en constante conflicto. Sin embargo, finalmente acordaron trabajar juntos para batir el océano de leche y extraer Amrit, el néctar de la inmortalidad. Creían que quien lo bebiera se volvería inmortal y todopoderoso. Sin embargo, Amrit sólo se podía obtener batiendo el océano de leche.

Para comenzar el proceso, los Devas y los Asuras decidieron utilizar el monte Mandara como varilla para batir. El Señor Vishnu, una de las deidades hindúes más importantes, tomó la forma de una tortuga gigante para sostener la montaña y evitar que se hundiera. El rey serpiente Vasuki, que tenía mil cabezas, se ofreció a sí mismo como cuerda para hacer girar la varilla de batido. Los Devas y los Asuras comenzaron a batir vigorosamente el océano de leche mientras sujetaban la cabeza y la cola de Vasuki.

Mientras agitaban el océano, surgieron muchas cosas, incluidas gemas preciosas, animales raros e incluso la diosa de la riqueza, Lakshmi. Sin embargo, los Devas y los Asuras no estaban satisfechos con estos tesoros; sólo deseaban a Amrit. De repente, para su horror, el océano de leche empezó a emanar un veneno mortal llamado Halahala. El veneno era tan poderoso que podría destruir el mundo entero. Los Devas y Asuras quedaron envueltos en la nube venenosa y comenzaron a ahogarse y sufrir.

En ese momento apareció el Señor Shiva. Cuando vio a los Devas y Asuras en agonía, supo que tenía que actuar rápidamente para salvar el mundo. Bebió el veneno que había surgido del océano de leche para evitar que se propagara más. Sin embargo, el veneno era tan potente que comenzó a quemar el interior de Shiva. Se dio cuenta de que necesitaba deshacerse del veneno antes de que causara más daño.

La consorte de Shiva, Parvati, rápidamente se dio cuenta de lo que estaba sucediendo y rodeó el cuello de Shiva con su mano para evitar que el veneno bajara por su garganta. El veneno no pudo pasar más allá del alcance de Parvati y, como resultado, la garganta de Shiva se volvió azul y se ganó el nombre de Neela-kanta, que significa "cuello azul" o "garganta azul".

El sacrificio del Señor Shiva salvó al mundo de la destrucción y obtuvo un recordatorio permanente de su acto desinteresado en la forma de su garganta azul. La historia del Señor Shiva y el batido del océano de leche es una parte esencial de la mitología hindú.

Matrimonio de Shiva y Parvati

El matrimonio de Shiva y Parvati es una de las historias más populares de la mitología hindú. Se dice que Parvati, la hija del rey de la montaña Himalaya, quedó enamorada del apuesto y poderoso Shiva a una edad muy temprana. Sin embargo, Shiva era un ermitaño que vivía en las montañas y era conocido por su desapego de los asuntos mundanos. No tenía ningún interés en el matrimonio o las relaciones.

A pesar de la falta de interés de Shiva, Parvati estaba decidida a ganarse su corazón. Realizó intensa penitencia y devoción a Shiva durante años, con la esperanza de impresionarlo. Pasó por grandes dificultades físicas y mentales, y su devoción por Shiva fue tan intensa que incluso abandonó su estilo de vida lujoso y vivió como una asceta.

Sin embargo, a pesar de todos sus esfuerzos, Shiva permaneció impasible. No vio la necesidad de tener un compañero en su vida. Parvati no se dejó intimidar y continuó persiguiendo a Shiva sin descanso, y su devoción se hizo más fuerte con cada día que pasaba.

Finalmente, después de años de penitencia y devoción, la determinación de Parvati y su amor por Shiva lo conmovieron. Él se presentó ante ella y aceptó casarse con ella. Se dice que su unión simboliza la unión de los principios masculino y femenino de la creación, que es un aspecto esencial de la mitología hindú.

Maha Shivratri, una de las fiestas más importantes del hinduismo, conmemora cada año la unión de Shiva y Parvati. Se cree que Shiva y Parvati se casaron en este día y es un día de gran significado espiritual para los devotos del Señor Shiva.

La unión de Shiva y Parvati también es importante porque dio lugar al nacimiento de sus dos hijos, Ganesha y Kartikeya, y su hija, Ashokasundari. Ganesha es uno de los dioses más populares del hinduismo y es adorado como el dios de la sabiduría y el éxito, mientras que Kartikeya es adorado como el dios de la guerra.

Señor Shiva y las serpientes

Las serpientes siempre han sido consideradas sagradas en la cultura india. A menudo se representa al Señor Shiva con serpientes enrolladas alrededor de su cuello. Esta imaginería tiene un importante significado simbólico y está asociada a varias historias y leyendas.

Samudra Manthan, la agitación del océano, es una de las leyendas más conocidas que explica por qué Shiva tiene serpientes alrededor del cuello. En este cuento, los dioses y los demonios competían por el néctar de la inmortalidad del océano. Varios objetos de valor incalculable, incluido un veneno mortal que podría acabar con el universo, emergieron del océano durante la agitación. Shiva, el guardián del universo, ingirió el veneno para salvaguardar el universo.

Mientras el veneno se extendía por su cuerpo, Vasuki, el rey de las serpientes, se adelantó y se ofreció a ayudarlo. Vasuki se enroscó alrededor del cuello de Shiva e impidió que el veneno se extendiera a su cabeza. Este acto impresionó a Shiva, quien bendijo y aceptó la serpiente como adorno.

También se dice que Shiva hizo adornos con la serpiente venenosa y se los regaló a su esposa Parvati. La serpiente en su cuello, por tanto, representa el amor de Shiva por su esposa.

Vasuki alrededor del cuello de Shiva
Foliate08, CC BY-SA 3.0 <https://creativecommons.org/licenses/by-sa/3.0>, via Wikimedia Commons; https://commons.wikimedia.org/wiki/File:Shiva_01.JPG

Cubierto de ceniza

A menudo se representa al Señor Shiva cubierto de ceniza, lo que simboliza su renuncia a las posesiones materiales y su estilo de vida ascético. Esta representación del Señor Shiva tiene su origen en una historia hindú que ilustra la importancia de la humildad y los peligros del orgullo.

Según la tradición, un poderoso sabio llamado Parnada estaba cortando hierba cuando accidentalmente se cortó el dedo. En lugar de sangre, brotó la savia de un árbol. Este incidente llenó de orgullo a Parnada y creyó que se había convertido en el hombre más piadoso del mundo, ya que no sangraba como lo hace la gente. El Señor Shiva, que fue testigo de este incidente, decidió darle una lección al sabio.

El Señor Shiva tomó el disfraz de un anciano y le preguntó al sabio el motivo de su deleite. El sabio respondió que se había convertido en el hombre más piadoso del mundo porque ya no sangraba como un humano normal. El anciano cuestionó la alegría del sabio, diciendo que era sólo savia y nada de qué enorgullecerse. Luego lo demostró cortándose el dedo y derramando ceniza en lugar de sangre.

El sabio se dio cuenta de su error y le pidió perdón al dios. El Señor Shiva perdonó al sabio y lo cubrió de ceniza para recordarle la importancia de la humildad y los peligros del orgullo. La ceniza también simboliza la naturaleza transitoria de las posesiones materiales y la realidad última de la muerte.

Nataraja y Tandava

Nataraja es una de las representaciones más populares de Shiva. De esta forma, Shiva es representado como un elegante bailarín rodeado por un anillo de fuego que representa el ciclo de nacimiento, muerte y renacimiento. Se dice que este anillo de llamas es una metáfora de la energía eterna que impregna el universo.

La danza de Nataraja no es sólo un símbolo de belleza y gracia, sino que también representa la interacción dinámica entre las fuerzas de la creación y la destrucción. A través de su danza, crea nueva vida, la sostiene y, en última instancia, la destruye para dar paso a un nuevo comienzo. En este sentido, Nataraja es vista como la encarnación del eterno proceso de creación y destrucción, que es central en la filosofía hindú.

El pequeño demonio Apasmara Purusha, sobre el cual se representa a Nataraja de pie, representa las cualidades negativas de la ignorancia, la pereza y los malos pensamientos. Al bailar sobre el demonio, Nataraja simboliza su triunfo sobre estas cualidades negativas y su poder para superarlas.

Se dice que la danza del Señor Shiva, conocida como Tandava, representa la danza cósmica de la creación, preservación y destrucción. El Tandava es una danza feroz y enérgica que representa la destrucción del universo. Por el contrario, Parvati realiza Lasya, que es una danza elegante y suave que representa la belleza y la alegría de la creación.

Si el Señor Shiva dejara de bailar, se cree que el universo llegaría a su fin. Sin su movimiento constante, el mundo se estancaría y quedaría sin vida, y el caos reinaría supremo. Por eso, se dice que la danza del Señor Shiva es esencial para la supervivencia del universo y que continuará por la eternidad.

Conclusión

Shiva es conocido por su ascetismo, su profundo conocimiento del yoga y la meditación y su compasión hacia sus devotos. Sus historias nos enseñan sobre la importancia de superar nuestro ego y nuestros deseos y abrazar nuestra verdadera naturaleza.

Shiva también es venerado como el señor de la danza y la música, y su importancia cultural va más allá de su papel en la mitología hindú. Numerosas piezas musicales, literarias y artísticas han sido influenciadas por él y ha tenido un impacto en muchos aspectos diferentes de la cultura india.

Capítulo 4: Diosas hindúes, parte I

Las diosas de la mitología hindú desempeñan un papel vital en el mantenimiento del mundo y contribuyen a diversos aspectos de la vida. No son menores en poder o estatura que las deidades masculinas. Las diosas a menudo tienen poder sobre cuestiones de crianza, procreación, fertilidad, riqueza y conocimiento.

Sin embargo, no todas las diosas tienen buenas intenciones. Las diosas pueden traer felicidad y prosperidad, pero también son capaces de crear un gran caos y malestar. Además, muchas de estas diosas aparecen con varios nombres y títulos y como varios avatares.

Durga

La diosa Durga
https://en.wikipedia.org/wiki/File:Durga_Mahisasuramardini.JPG

La diosa Durga tiene muchos nombres en la tradición hindú. Los más famosos incluyen Devi y Shakti, que juntos significan poder divino. Su papel en la mitología india es el de actuar como una fuerza dominante del bien, y su existencia significa pureza en un mundo de caos y destrucción. Durga fue creada como una forma de energía y fuerza invencible del Ser Supremo, Brahma, para complementar la creación y el mantenimiento del mundo.

A Durga a menudo se la conoce como una madre protectora. Ella es la protectora de todo lo bueno, puro y armonioso. Los Puranas ofrecen varias historias sobre la creación de Durga, aunque cada una de ellas la retrata como una protectora.

Una historia sugiere que Durga fue creada a partir de la mitad izquierda de su cuerpo de Shiva. Más tarde creó a Shiva Loka, en el monte Kailash, con Durga. En otra historia, el caos demoníaco creado por Mahishasura, un demonio que usó su engaño y astucia para derrotar a los dioses, obligó a Vishnu a actuar. Emitió una poderosa luz por su boca, cuyos rayos se fusionaron y transformaron en la diosa Durga, quien pudo desafiar a Mahishasura a una pelea. Ella derrotó a sus vastos ejércitos y le cortó la cabeza, poniendo así fin a su tiranía.

Etimología

El propio nombre Durga da testimonio del poder de la diosa, ya que significa invencible e indomable. Derivando de la palabra durg, que significa intransitable o implica una fortaleza invencible, y la palabra gam, que significa pasar, el nombre Durga viene a significar alguien que está más allá de la derrota, que es la forma en que se representa a la diosa en las historias.

El nombre Durga aparece en textos indios anteriores, como los Vedas, pero no va acompañado de sus relatos de heroísmo y poder que se encuentran en los Puranas. Las narraciones védicas sobre el papel de la diosa la retratan como la deidad suprema. En otras ocasiones, Durga se utiliza para referirse a diferentes seres y entidades cósmicos, aunque son todopoderosos y buenos.

Apariencia

Durga siempre es retratada con múltiples extremidades, lo que significa su capacidad para enfrentar múltiples amenazas a la vez. Ella siempre está preparada para proteger al mundo del mal. El número de brazos de Durga oscila entre ocho y dieciocho, y sostienen una variedad de armas y objetos divinos, como un arco y una flecha, una jabalina, una espada, un escudo, un chakra, una caracola y una soga. Estos elementos la ayudan a luchar y derrotar al mal.

También se la representa con tres ojos. El ojo izquierdo muestra el deseo al representar una luna, el derecho representa la acción con el sol y el ojo del medio representa el fuego, que simboliza el conocimiento. Para mostrar el poder de su poder, Durga también aparece a menudo montada sobre un tigre o un león.

Las armas de Durga

Cada una de las armas de Durga está destinada a ayudarla contra el mal, pero también tienen un significado simbólico. La caracola, por ejemplo, representa su conexión con el Ser Supremo. Ella se aferra a él en forma de sonido, ya que la caracola indica Pranava o sonido cósmico. Durga no sostiene el arco y la flecha como lo haría normalmente; ambos se sostienen en una mano, lo que simboliza el control de Durga sobre los aspectos potencial y cinético de la energía.

El chakra o el disco que se encuentra girando en su dedo simboliza el mundo, y la forma en que se sostiene muestra su completo control y dominio sobre el mundo. Con este control, Durga puede mantener a raya el mal y permitir que el mundo camine por el camino de la rectitud. La espada representa su conocimiento, que es agudo y libre de dudas, y el loto muestra que su éxito en derrotar al mal es seguro y también constante, ya que el mal no puede controlarse excepto mediante una lucha constante.

También se ha demostrado que Durga lleva un rayo, que es una señal de su convicción. El tridente muestra las tres cualidades de tamas, rajas y sattva (inactividad, actividad y no actividad, cuando se ha alcanzado un estado de armonía, respectivamente) para sanar y mantener los aspectos físicos, mentales y espirituales de la vida.

Avatares de Durga

Durga, como otros dioses y diosas de la mitología india, aparece en muchas formas o avatares diferentes. Estos se relacionan con el proceso de reencarnación, con Durga apareciendo en nueve formas diferentes. Estos Navadurgas, el nombre colectivo de las nueve manifestaciones de Durga, incluyen lo siguiente:

- Skandamata (etapa de la maternidad)
- Kusumanda (como el Mahashakti)
- Shailaputri (su etapa de infancia)
- Kalaratri (etapa de destrucción)
- Brahmacharini (su período de ascetismo)
- Maha Gauri (etapa de recuperación)
- Katyayani (período como guerrera)
- Chandraghanta (como Shakti)
- Siddhidatri (etapa de convertirse en Mahashakti)

Cada una de estas nueve formas se celebra y adora en festivales hindúes, y cada una representa los poderes de Durga como diosa.

Celebración de Durga

Muchos festivales hindúes celebran Durga. Durga Puja es un festival de cuatro días que tiene lugar en septiembre u octubre. El festival de Navratri, que dura nueve días, se celebra en recuerdo de la victoria de Durga sobre Mahishasura, y cada día celebra cada una de sus nueve encarnaciones, cada una de las cuales está representada por un color específico.

Durga tiene un gran significado en la mitología hindú y en los corazones de quienes practican el hinduismo.

Saraswati

Saraswati

Jean-Pierre Dalbéra, CC BY 2.0<https://creativecommons.org/licenses/by/2.0>, vía Wikimedia Commons; https://commons.wikimedia.org/wiki/File:2_Hindu_deity_Sarasvati_Saraswati_on_ceramic_tile_in_Munnar_Kerala_India_March_2014.jpg

La diosa Saraswati encarna la sabiduría y también es la diosa de la música, el habla y el aprendizaje. A menudo se la conoce con otros nombres y títulos, incluidos Bharati y Shatarupa, que juntos pueden significar una existencia elocuente. Saraswati también es conocida como la madre de los Vedas. El Rig Veda contiene la primera y más antigua mención conocida de la diosa. Textos posteriores también le atribuyen otros atributos y logros, como la invención del sánscrito. Como diosa del habla, el lenguaje y el aprendizaje son sus dominios, y se cree que le regaló pluma y tinta a uno de los hijos de Shiva, Ganesha.

Si bien muchas tradiciones creen que ella es la esposa de Brahma, otras tradiciones, como los vaisnavas, creen que ella fue la esposa de Vishnu primero. La sabiduría mostrada por Saraswati es la encarnación de la sabiduría de Durga y ella representa sólo todo lo bueno. Saraswati a menudo aparece con sencillas prendas blancas, sin adornos de joyas ni colores, y va más allá del mundo materialista del deseo.

La creación de Saraswati

Saraswati nació en respuesta al caos del universo. Brahma buscó traer orden al mundo y Durga le aconsejó que le trajera conocimiento. De la boca de Brahma surgió Saraswati, montada en un cisne y vestida toda de blanco, sosteniendo libros en una mano para representar su sabiduría y una veena (un instrumento de cuerda) en la otra para mostrar su dominio de la música. Bajo su guía, Brahma aprendió el valor de la sabiduría y comenzó a pensar, sentir, comprender y comunicarse, lo que le permitió crear orden a partir del caos del universo.

La melodía que produjo Saraswati creó energía vital, prana, en todo el universo, permitiendo que el mundo tomara forma. Como Saraswati fue el primer ser en entrar al mundo de Brahma, se enamoró de ella y comenzó a desearla. Saraswati rechazó sus insinuaciones y no cedió a los deseos materiales. Intentó esconderse de Brahma como una vaca. Él la siguió como un toro. Cuando se convirtió en yegua, Brahma se transformó en un caballo. A pesar de la continua persecución, Brahma no pudo atraparla en ninguna de sus muchas formas y, por eso, llegó a ser conocida como Shatarupa, que significa alguien que puede tomar muchas formas.

Saraswati y Brahma

Las tradiciones sobre la naturaleza de la relación entre Saraswati y Brahma varían. Mientras que algunos la retratan tratando de escapar de la lujuria de Brahma, otros la muestran como la esposa de Vishnu.

Como Vishnu ya tenía dos esposas, le dio Saraswati a Brahma. Se cree que la unión de los dos produjo a Manu, de quien nació toda la civilización humana. Manu sobrevivió a la hambruna que mató a todos los humanos gracias al alimento de su madre, lo que le permitió continuar con su linaje.

Se cree que Brahma no es tan adorado como los otros dioses de Trimurti. Se cree que Saraswati le impuso una maldición. Según cuenta la leyenda, se dice que Brahma recurrió a los dioses cuando Saraswati no llegó a tiempo para un ritual importante. El retraso de este ritual era inaceptable a sus ojos. Los dioses le dieron una nueva esposa, Gayatri, para comenzar el ritual, pero cuando Saraswati vio a Brahma con otra mujer, lo maldijo diciendo que la humanidad nunca debería adorarlo.

Avatares de Saraswati

Saraswati adoptó muchas formas. En su forma original, aparece con gracia y sencillez, vestida de blanco y montada sobre un cisne. Además de la veena y los libros, también aparece con un rosario y un cántaro de agua. Sus muchos avatares incluyen los siguientes:

- Medha
- Savitri
- Brahmani
- Gayatri
- Maha Saraswati
- Vāc
- Para Saraswati
- Shatarupa
- Sharada
- Vani
- Aditi
- Bharati

Cuentos de Saraswati

Hay muchas historias sobre Saraswati en las que ella salva al mundo de la destrucción. En una de esas historias, Saraswati puede salvar a Brahma y al mundo de un demonio. El demonio tenía la intención de buscar poder para poder conquistar los tres mundos (la tierra, el cielo y el infierno) y por eso intentó apaciguar a Brahma para obtener poder. Cuando los dioses acudieron a Saraswati en busca de ayuda, ella burló al demonio sentándose en su lengua.

Cuando Brahma se volvió para conceder el deseo del demonio, todo lo que pudo desear fue no permanecer nunca despierto. ¡Al demonio le resultó bastante difícil hablar con Saraswati sentada en su lengua! Brahma concedió su deseo y el demonio fue puesto en sueño eterno. Sus planes de apoderarse del mundo terminaron.

También se sabe que Saraswati salvó al mundo de la aniquilación por parte de Shiva. El dios encontró el mundo en un estado de caos. La gente estaba llena de corrupción y Shiva creía que no quedaba nada que salvar. Como resultado, decidió empezar de nuevo, empezando por la destrucción del mundo existente para poder crear uno nuevo. Abrió su tercer ojo para desatar un fuego que destruiría el mundo y todo lo que vive en él.

Saraswati tomó la forma de un río de pureza, ya que los fuegos sólo podían destruir a los impuros y corruptos. El fuego quedó atrapado bajo las aguas y permanecería así mientras el mundo permaneciera en paz y los humanos incorruptos. Sin embargo, Saraswati advirtió que, si la sabiduría abandonara el mundo, sería reemplazada por conflictos, corrupción y destrucción.

Parvati

Parvati y su hijo Ganesha
https://commons.wikimedia.org/wiki/File:Goddess_Parvati_and_her_son_Ganesha.jpg

Parvati es la diosa del amor, la fertilidad y la determinación. También es la esposa de Shiva y madre de Kartikeya (también conocida como Skanda) y Ganesha, el dios de la guerra y Eliminador de obstáculos, así como de Ashokasundari, la diosa de la armonía. Se cree que el nombre de Parvati fue tomado de Parvata, que significa "montaña". Parvati también se ve como una manifestación de Durga, pero esto suele ocurrir cuando Parvati no es la consorte de Shiva. Como la mitad femenina de Shiva, los dos presentan la dualidad de la existencia, lo masculino y lo femenino.

Parvati está vinculada tanto a Durga como a Kali, la diosa del tiempo y la muerte. En muchas representaciones, se la ve junto a Shiva, con los dos en un abrazo íntimo. Algunas representaciones retratan a los dos en mayor intimidad, con la mitad del cuerpo con los rasgos masculinos de Shiva y la otra mitad con los de Parvati. Esta representación de los dos muestra la naturaleza inseparable y dependiente de los dos: ninguno puede existir sin el otro. Cuando Parvati aparece con Shiva, se la ve con dos brazos, pero cuando se la representa sola, se la puede ver con cuatro brazos, llevando varios objetos en cada mano.

La creación de Parvati

Parvati nació para ser la esposa de Shiva. Shiva se retiró del mundo tras la muerte de su primera esposa. Se perdió en el luto y la meditación, sin prestar atención al mundo que, en su ausencia, fue invadido por demonios del inframundo. Los demonios crearon caos y destrucción y buscaron apoderarse del mundo.

En este cuento, los dioses recurrieron a Shakti (una diosa madre) en busca de ayuda, quien proclamó que sólo un hijo de Shiva podría derrotar a los demonios y restaurar el orden en el universo. Como resultado, ella se transformó en Parvati y sacó a Shiva de su reclusión para convertirse en su esposa.

Inicialmente, Shiva no simpatizó con Parvati, a pesar de que ella lo visitaba todos los días en su cueva y le llevaba frutas. A medida que la frustración se apoderaba de él y el mundo se hundía cada vez más en la destrucción, Parvati le pidió ayuda a Kama, el dios del deseo. Disparó una flecha de deseo a Shiva, con la esperanza de que se enamorara de Parvati. Sin embargo, a Shiva no le gustó esto y destruyó a Kama con su tercer ojo.

Parvati se alejó del mundo y se retiró a un bosque para sumergirse en la meditación y la espiritualidad. No buscó alimento ni refugio. Su devoción finalmente conmovió a Shiva, quien la tomó como esposa. Juntos tenían a Ganesha y Kartikeya, quienes derrotaron a los demonios del inframundo con la ayuda de Kali.

Parvati y Ganesha

Muchos textos relatan diferentes versiones de cómo surgió el primer hijo de Parvati y Shiva, Ganesha. Algunos textos, probablemente escritos entre 1100 y 1400 d. C., sugieren que Shiva estaba en contra de tener hijos y le dijo a Parvati que creara una muñeca de tela para saciar su deseo. En esta historia, el muñeco queda encantado por las lágrimas de Parvati, que anhelaba tener un bebé real y cuyas lágrimas transforman al muñeco en su hijo, Ganesha. Parvati coloca a Ganesha en la boca de su cueva como guardián y le ordena que no deje entrar a ningún extraño.

Cuando Shiva viene a visitar a Parvati, no reconoce a su hijo porque nunca antes lo había visto. Ganesha no reconoce a su padre y le niega la entrada. Enojado por las órdenes de un extraño que no le deja ver a su esposa, Shiva le corta la cabeza a Ganesha. Parvati está devastada, hasta el punto de que Shiva promete que sanará a Ganesha. Encuentra la cabeza de un elefante, que utiliza para reemplazar la cabeza de Ganesha. Así, Ganesha renace y se le conoce como el Eliminador de obstáculos, debido a la forma en que ocurrió su renacimiento.

Lakshmi

Lakshmi.

VedSutra, CC BY-SA 4.0<https://creativecommons.org/licenses/by-sa/4.0>, vía Wikimedia Commons; https://commons.wikimedia.org/wiki/File:Goddess_Lakshmi_is_the_Hindu_Goddess_of_Wealth_and_Prosperity_with_an_Owl_as_her_animal_ride_or_vahana.jpg

Lakshmi es anunciada como la diosa de la riqueza y la fortuna. Como esposa de Vishnu, le mostró total devoción adoptando diversas formas para estar con él en sus muchas encarnaciones. Por ejemplo, en la forma enana de Vishnu, Lakshmi aparece en una flor de loto y se la conoce como Padma o Kamala. En la mitología hindú, la flor de loto representa el éxito y la espiritualidad. El loto también hace referencia a la fertilidad, representando toda la creación del mundo, que Vishnu ayudó a crear. Cuando Vishnu apareció como el guerrero Parashurama, ella se convirtió en su esposa como Dharani.

Lakshmi también forma parte de Tridevi, junto con Saraswati y Parvati, como la trinidad de diosas de la mitología hindú (la contraparte de la Trimurti). A Lakshmi también se la conoce en muchos casos como Lokamata, la madre del mundo, y Lola, que significa voluble. El nombre hace referencia a las formas en que ofrece buena suerte a las personas, que pueden administrarse al azar.

Apariencia

Lakshmi suele aparecer con cuatro brazos y manos, al igual que otros dioses y diosas de la mitología hindú. En dos de estas manos lleva un loto, que simboliza la pureza y el éxito. Cada uno de sus cuatro brazos es simbólico, ya que representan los cuatro objetivos que todo hindú debe seguir y esforzarse por alcanzar. Éstos son dharma o buena conducta; kama, deseo en la vida; artha, tener éxito por medios legítimos; y moksha, que es la liberación del ciclo de la vida y la muerte.

A diferencia de las otras diosas de Tridevi, Lakshmi no se centra en lo espiritual. Más bien, su papel es la búsqueda y el logro de aspectos más materialistas. Si bien desempeña un papel maternal, también se centra en la realización y la concesión de deseos.

Creación y renacimiento de Lakshmi

La historia del nacimiento y la creación de Lakshmi varía según los diferentes textos, la mayoría de los cuales datan entre el 300 a. C. y el 300 d. C. En el Mahabharata, ella proviene de la agitación del océano lechoso por parte de los dioses.

Indra y Lakshmi estaban casados y durante mucho tiempo habían protegido al mundo de los demonios. Un sabio le regaló a Indra flores sagradas. Disgustado, tiró el regalo. Este acto de arrogancia enfureció al sabio, quien lanzó una maldición sobre Indra, provocando que las flores del mundo se marchitaran. Esto hirió a Lakshmi, ya que una de sus muchas formas incluía la guirnalda, y culpó a Indra por la falta de respeto que le había causado. Su arrogancia hizo que Lakshmi se retirara al océano lechoso. Sin ella, el mundo estaba invadido por demonios. Los dioses acudieron a Vishnu en busca de ayuda, quien les aconsejó agitar el océano, del que emergió Lakshmi. Ella se levantó de la espumosa mantequilla, vestida de blanco y radiante belleza. Vishnu la tomó bajo su protección. Ella residía en su pecho, dándole el nombre de Shrinivas, el lugar de descanso de Shri, uno de los avatares de Lakshmi.

Capítulo 5: Diosas hindúes, parte II

La práctica del hinduismo de adorar a la diosa se remonta a la civilización del valle del Indo, que surgió en el noroeste del subcontinente indio aproximadamente en el año 3300 a. C. En las excavaciones arqueológicas de los yacimientos del valle del Indo se descubrieron estatuillas de diosas de terracota. Se cree que fueron utilizados en rituales religiosos.

En la era védica, que comenzó alrededor del año 1500 a. C., todavía se adoraba a las diosas hindúes. Varios dioses y diosas son honrados en los himnos que se encuentran en los Vedas. Estos himnos retratan a las diosas como deidades fuertes, imaginativas y protectoras que otorgan favores a sus seguidores.

El culto a las diosas evolucionó y se formalizó durante la época medieval. El tantra, una práctica espiritual que apareció por primera vez en la India alrededor del siglo V d. C., también jugó un papel en esto. Esto todavía se practica en las ceremonias hindúes de hoy. Aprovechar la fuerza de Shakti y lograr la iluminación espiritual son los objetivos de las prácticas tántricas, que incluyen mantras, rituales y meditaciones. En la era medieval, el culto a las diosas se convirtió en un componente central de las prácticas tántricas, y cada diosa representaba una faceta distinta de Shakti.

Los hindúes creen en muchas diosas, la mayoría de las cuales están vinculadas a la maternidad, la fertilidad y el amor. Así, el culto a las diosas suele estar vinculado al logro de objetivos mundanos como el dinero, el éxito, la buena fortuna y la felicidad.

Shakti

El hinduismo venera a Shakti, también conocida como Devi o Adi Parashakti, como la diosa más importante y la encarnación de la fuerza y la creatividad femeninas. Los mitos y leyendas que la rodean tienen una intrincada conexión con la historia de las diosas hindúes.

La Diosa Shakti
Soumik Barua, CC BY-SA 4.0<https://creativecommons.org/licenses/by-sa/4.0>, vía Wikimedia Commons; https://commons.wikimedia.org/wiki/File:Adi_Shakti_the_Supreme_Spirit_without_attributes.jpg

Origen y significado

El período védico es cuando surgió por primera vez la idea de Shakti, personificada como la energía cósmica que impulsa toda la creación. La diosa es venerada como la entidad suprema en la denominación hindú conocida como shaktismo. Los orígenes del shaktismo se pueden encontrar en la ilustre civilización del valle del Indo, cuyo pueblo puso un fuerte énfasis en la veneración de la diosa madre. Pero no fue hasta la época medieval que el shaktismo comenzó a surgir como una tradición hindú distinta.

Muchas escrituras se escribieron durante el período medieval. Los Tantras eran una colección de manuales rituales que se escribieron desde el siglo VII d. C. hasta el siglo XIX. Durante los siglos XVIII y XIX se escribieron varios textos shakti-tántricos con el objetivo de presentar conceptos tántricos al público y aumentar su popularidad. Así empezó a crecer el shaktismo.

El movimiento Bhakti, que puso un fuerte énfasis en la devoción a un dios o diosa personal, también contribuyó a la expansión del shaktismo. Numerosos poetas y santos escribieron poemas devocionales e himnos a la diosa, lo que contribuyó a difundir su admiración.

La palabra sánscrita shak, que significa "poder" o "poder", es de donde se origina el nombre "Shakti". Los hindúes creen que la energía divina fundamental conocida como Shakti tiene la capacidad de crear, mantener y acabar con el universo. Está vinculada a la fertilidad, la riqueza y la defensa de los vulnerables y oprimidos.

Atributos y simbolismo

La mitología hindú representa a Shakti de varias formas diferentes, cada una con sus propias características y simbolismo. Las manifestaciones más conocidas de Shakti son Durga, Kali, Parvati y Lakshmi.

El yantra y el mandala son dos representaciones simbólicas del concepto de Shakti. El mandala es una forma circular que simboliza el mundo y cómo todo está interrelacionado, mientras que el yantra es un diseño geométrico que representa el campo energético de Shakti.

La mitología hindú sostiene que Shakti fue creada mediante la fusión de los poderes de Brahma, Vishnu y Shiva.

Kali

La diosa Kali es considerada una diosa sagrada y feroz en el hinduismo. Con frecuencia se la representa como una deidad fuerte y furiosa que representa tanto la creación como la destrucción. Las representaciones típicas de Kali incluyen que tenga varios brazos, que lleve un collar hecho de cabezas cortadas y que esté parada sobre un cadáver o un demonio.

La diosa Kali
https://commons.wikimedia.org/wiki/File:Kali_by_Raja_Ravi_Varma.jpg

Origen y significado

Los orígenes de Kali se pueden encontrar en la mitología hindú temprana, donde se cree que es una encarnación de la diosa Durga. En el cuento, el demonio Mahishasura era tan fuerte que amenazaba con gobernar el universo. Los Devas, comandados por Indra, fueron derrotados por Mahishasura en la batalla entre los dioses (Devas) y los demonios (Asuras). Los Devas combinaron sus fuerzas divinas en un esfuerzo por encontrar una solución, dando a luz a la diosa Durga. Durga luchó contra Mahishasura, y Durga prevaleció y mató a Mahishasura. Después de la lucha, Durga supuestamente se transformó en Kali debido a su extrema furia.

La palabra sánscrita kala, que significa "tiempo", es la fuente del nombre de Kali. El nombre de esta diosa parece apropiado porque Kali está frecuentemente vinculada al ciclo constante de creación y destrucción del universo. Debido a la naturaleza transitoria de la existencia humana, Kali es frecuentemente retratada con un collar de calaveras alrededor de su cuello. Su piel oscura sirve como otra alegoría de la noche anterior al amanecer.

Aproximadamente entre los siglos VI y XVI d. C., la India vio el crecimiento de Kali como una deidad. Durante esta época surgieron varias literaturas y prácticas religiosas hindúes que enfatizaban la autoridad y el significado de las deidades femeninas, como Kali. El Devi Mahatmya, que detalla las luchas de la diosa Durga contra muchos demonios y su transformación en Kali, es una obra literaria importante de esta época.

La historia del conflicto de Kali con el demonio Raktabija es uno de los cuentos míticos más conocidos relacionados con ella. Raktabija tenía la capacidad de convertir cada gota de su sangre que tocaba la tierra en un nuevo demonio. Debido a esto, era casi imposible de vencer. Raktabija fue derrotado cuando Kali bebió toda su sangre antes de que pudiera caer al suelo.

El concepto de Kali ha cambiado con el tiempo. En ciertas culturas, Kali es venerada como una diosa madre protectora que protege a sus seguidores del daño y ahuyenta a los espíritus malignos. Otras culturas ven a Kali como una diosa destructora que provoca el fin del mundo para dejar espacio a un nuevo ciclo de creación.

Con una mitología compleja y una variedad de manifestaciones, Kali todavía se considera una diosa importante y ampliamente venerada en el hinduismo actual. Sus raíces son difíciles de precisar en términos de ciertos períodos históricos, pero su importancia continua en el hinduismo es un testimonio de la importancia y la fuerza de las deidades femeninas.

Kamadhenu

A Kamadhenu se la conoce como la madre de las vacas o la vaca que concede los deseos. En la mitología hindú, se la adora como una entidad celestial que puede conceder los deseos de sus seguidores.

Kamadhenu

Kamdhenu, CC BY-SA 3.0<https://creativecommons.org/licenses/by-sa/3.0>, vía Wikimedia Commons; https://commons.wikimedia.org/wiki/File:Kamdhenu.jpg

El Mahabharata, una epopeya hindú, es donde aparece por primera vez Kamadhenu. Los dioses agitaron el océano cósmico mientras creaban Kamadhenu. Fue un regalo presentado al sabio Vasishta y se convirtió en una representación de prosperidad, fertilidad y abundancia. La diosa Lakshmi, que en la mitología hindú está relacionada con la riqueza y la prosperidad, se asocia frecuentemente con Kamadhenu.

Significado y representación

La representación clásica de Kamadhenu es una vaca con cuatro o más cuernos y un cuerpo dorado. Con frecuencia se la representa de pie sobre una flor de loto o un trono, y ocasionalmente se le une un ternero o varias vacas. Los términos kama, que significa "deseo", y dhenu, que significa "vaca", son las raíces del nombre "Kamadhenu". Este nombre honra su capacidad de conceder los deseos de sus seguidores.

Atributos y simbolismo

Su papel en la historia del sabio Jamadagni y su hijo, Parashurama, es una de las historias más conocidas relacionadas con Kamadhenu. Se pensaba que la leche de Kamadhenu, que pertenecía a Jamadagni, tenía extraordinarias capacidades curativas. Cuando un día sacaron a

Kamadhenu del ashram de Jamadagni, un grupo de soldados conocidos como los Kshatriyas bebieron su leche para tratar sus heridas. Enojado por el robo, Parashurama lanzó una campaña contra los Kshatriyas, matándolos a todos en el proceso.

El concepto de Kamadhenu en la cultura india ha cambiado con el tiempo. Según algunas creencias, la diosa Durga está relacionada con Kamadhenu, a quien se considera una representación de la maternidad y el cuidado. Kamadhenu es venerado durante festivales y ocasiones auspiciosas como fuente de riqueza material y espiritual.

Kamadhenu sigue siendo muy respetado y honrado en la cultura india moderna. En la India y otros países del sur de Asia, su imagen se puede encontrar en muchos templos, santuarios y hogares. Debido a su conexión con las vacas y la importancia del culto a las vacas en el hinduismo, Kamadhenu se ha convertido en un pararrayos político en la India, con algunos grupos que luchan por la protección de las vacas y otros se oponen a lo que consideran una politización de las creencias religiosas.

Sita

Una de las diosas más queridas del hinduismo es Sita. Se la conoce como la esposa del Señor Rama, una de las encarnaciones del Señor Vishnu. Su vida, su amor por su marido y su devoción al dharma (rectitud) son todas las razones por las que es una de las diosas más queridas del hinduismo.

Sita es reconocida por su elegancia, sabiduría, valentía y constancia. Sus cuentos han sido contados y conmemorados en numerosas obras de literatura y arte a lo largo de los siglos, y tanto hindúes como no hindúes continúan inspirándose en ella. Millones de hindúes en todo el mundo tienen a Sita con el más alto respeto y la consideran una de las diosas más destacadas de la mitología hindú.

Origen y significado

Aunque se desconocen las fechas y los detalles precisos, es posible rastrear los orígenes de Sita y el Ramayana hasta los antiguos indios. Se cree que el Ramayana se compuso en algún momento entre el 400 y el 200 a. C.; sin embargo, otros historiadores creen que pudo haber sido escrito en una fecha tan reciente como el siglo IV d. C. La historia de Sita ha sido alterada y reinterpretada por varias comunidades y civilizaciones en toda la India y el Sudeste Asiático durante milenios antes de ser escrita.

La mitología hindú afirma que Sita era hija del rey Janaka de Mithila, nación que hoy es Nepal. Fue considerada un regalo maravilloso de la tierra, ya que Janaka la encontró en un campo que había sido arado. El Señor Rama, el príncipe de Ayodhya, se sintió atraído por Sita cuando ella era joven y se enamoró de ella a primera vista. Rama y Sita se casaron en una fastuosa ceremonia, pero su alegría no duró mucho. Sita tomó la decisión de ir a la jungla con Rama cuando éste estuvo desterrado de su país durante catorce años.

Sita fue secuestrada por el rey demonio Ravana cuando estaban en el exilio. Cuando vio por primera vez a Sita en el bosque, Ravana, el rey demonio con muchas cabezas y brazos, se enamoró de ella. Ravana envió un ciervo dorado disfrazado de Rama y Lakshmana para desviar su atención de Sita. Se disfrazó hábilmente de un mendigo anciano y engañó a Sita para que abandonara el anillo protector de Lakshmana. Aprovechando la situación, Ravana mostró su verdadero yo, secuestró a Sita y se la llevó en su carro volador mágico a sus dominios en Lanka (la actual Sri Lanka).

Rama participó en una sangrienta batalla para liberar a Sita de las garras de Ravana. Fue ayudado por el dios mono Hanuman y un ejército de monos y osos. Después de vencer a Ravana y regresar a Ayodhya, Rama tuvo que convencer a sus súbditos de la pureza de Sita, ya que cuestionaron su lealtad mientras estaba cautiva.

Sita permaneció leal a Rama durante toda su lucha, por lo que tomó la decisión de someterse a una prueba de fuego (agni pariksha) para establecer su inocencia y defender su honor. Salió ilesa de la prueba y su virtud quedó confirmada. Sin embargo, Sita fue exiliada del reino de Rama después de haber sido presionada por sus súbditos, y regresó a la tierra al entrar en su útero.

La prueba de fuego de Sita
https://commons.wikimedia.org/wiki/File:Sita%27s_ordeal_by_fire_(cropped).jpg

Una de las ocasiones más sagradas de la mitología hindú, el matrimonio de Sita y el Señor Rama, es conmemorada cada año por hindúes de todo el mundo. La tradición dice que la unión tuvo lugar durante el Treta Yuga, que se cree que ocurrió hace unos 1,2 millones de años.

Otra razón por la que Sita es conocida es por su constante amor por el Señor Rama y su inquebrantable sentido de la moralidad y la decencia. Sita soportó muchas dificultades a lo largo de su vida, incluido ser secuestrada por el rey demonio Ravana y vivir en el exilio con el Señor Rama durante varios años, pero nunca vaciló en su amor por él ni en su dedicación a la virtud.

Atributos y simbolismo

Sita es respetada como un modelo a seguir por las mujeres y con frecuencia se la retrata como un símbolo de castidad, virtud y devoción. Con frecuencia se la presenta como una esposa amable.

A medida que los entornos sociales, culturales y políticos cambiaron con el tiempo, el concepto de Sita también cambió. En algunas regiones de la India, Sita es venerada como una diosa agrícola y de fertilidad que otorga favores y riquezas a sus creyentes. La historia de su vida se utiliza para promover principios morales y éticos en otras culturas, donde se la considera una representación de la pureza. Los movimientos feministas y anticolonialistas modernos en la India y en otros lugares están inspirados en Sita, quien se ha convertido en un ícono cultural. Algunos académicos sostienen que el relato de Sita podría interpretarse como una crítica al patriarcado y un elogio de la independencia y la resiliencia de las mujeres frente a la adversidad.

Bhumi

Bhumi, a veces escrito como Bhudevi y Vasundhara, es una deidad hindú vinculada a la fertilidad y la tierra. Es venerada como la madre de todas las criaturas y recibe abundantes obsequios de comida, agua y otros recursos naturales. Bhumi es una de las Sapta Matrika, un grupo de siete diosas madre veneradas en el hinduismo y frecuentemente agrupadas en templos y santuarios de toda la India.

Bhumi se muestra como una mujer encantadora con una mirada satisfecha. Con frecuencia se la representa sentada o de pie sobre un loto o una tortuga para representar su conexión con la tierra. Viste un atuendo verde, que representa el crecimiento y la naturaleza. Ella empuña una maza, un loto, un arado y una caracola en sus cuatro brazos, cada uno de los cuales representa una faceta distinta de su autoridad e influencia.

Origen y significado

Bhumi se ve con frecuencia en las imágenes hindúes junto a plantas que representan el desarrollo y la fertilidad, como árboles frutales y flores de loto. Además, está conectada con los tonos positivos del verde y el amarillo. A veces se la representa acunando a un niño pequeño, lo que significa su función como madre cariñosa y cariñosa.

La veneración de Bhumi ha cambiado de estilo y significado a lo largo de los años a medida que evolucionaba el hinduismo. Se la considera una deidad local en varias partes de la India. Es venerada en otras regiones como parte de un panteón más amplio de deidades, y sus practicantes han transmitido elaborados ritos y ceremonias a lo largo de los siglos para honrarla.

Atributos y simbolismo

Bhumi ha sido adorado desde principios de la era védica en la antigua India. Hay varias referencias a la tierra y su importancia como fuente de vida en los Vedas. Como representación de las energías naturales de la tierra y del poder divino que subyace a toda la creación, Bhumi probablemente era adorado en los primeros ritos védicos.

La historia del nacimiento de Bhumi es una de las más conocidas relacionadas con ella. La mitología hindú afirma que los dioses acudieron al Señor Vishnu para pedirle ayuda para derrotar al demonio Hiranyaksha, que había tomado la tierra y la había ocultado en las profundidades del océano. Para luchar contra el demonio, Vishnu tomó la forma de un jabalí y se sumergió en el océano. Pudo salvar la Tierra y devolverla a su posición adecuada en el cosmos. Durante este conflicto titánico, se supone que Bhumi brotó del sudor de Vishnu, lo que significa la estrecha relación entre la tierra y la deidad Señor Vishnu.

El papel de Bhumi en la creación del mundo es objeto de otro mito muy conocido. Esta historia afirma que el dios Brahma, a quien se le atribuye la creación del universo, le pidió ayuda a Bhumi para crear el mundo material. Su influencia es evidente en la diversidad y abundancia del mundo natural, así como en el hecho de que ella proporcionó las materias primas y los recursos naturales necesarios para formar la tierra, los océanos y los cielos.

La importancia de Bhumi aumentó a lo largo del tiempo a medida que el hinduismo se desarrolló y amplió para abarcar una variedad de dioses, diosas y criaturas celestiales. Su importancia en el panteón hindú aumentó, junto con su posición como figura materna y fuente de fertilidad y abundancia.

Para fomentar la sostenibilidad ambiental y salvaguardar los recursos naturales de la tierra, en los últimos años ha resurgido el interés por el culto a Bhumi.

Conclusión

En resumen, el panteón hindú abunda en una amplia gama de diosas que representan diversas virtudes y poderes. Siguen teniendo una influencia significativa en la sociedad hindú actual. Cada diosa tiene su propia mitología, simbolismo y rituales. Desde la feroz y protectora

Durga hasta la cariñosa y compasiva Parvati, estas diosas sirven como modelos a seguir para sus seguidores, recordándoles la fuerza y la belleza de la divinidad femenina.

El culto y la adoración a las diosas seguramente seguirán siendo un componente esencial de esta religión milenaria y dinámica.

Capítulo 6: Krishna el Supremo

Krishna, también conocido como Kṛṣṇa en sánscrito, es una de las divinidades más veneradas y queridas de la India. Se le adora como la octava encarnación de Vishnu. A lo largo de los años, numerosos cultos bhakti han producido una gran cantidad de arte religioso, con Krishna como su principal icono religioso.

La historia de Krishna se extrae principalmente del Mahabharata, una epopeya hindú, y su apéndice del siglo V, el Harivamsa, así como de los Puranas. Krishna, hijo de Vasudeva y Devaki, nació en la familia Yadava.

Para matar al malvado rey Kamsa, Krishna y su hermano Balarama regresaron a Mathura. Los Yadavas, un pueblo antiguo que adoraba a Krishna, fueron luego conducidos a la costa occidental de Kathiawar, donde construyeron Dvaraka, la ubicación de su corte. El príncipe Krishna se casó con la princesa Rukmini, aunque también tuvo otras esposas.

La historia de Krishna ha tenido un impacto significativo en la cultura india, inspirando muchas formas de arte, literatura y música. Sus enseñanzas sobre la devoción y la moralidad, tal como se expresan en el Bhagavad Gita, una escritura hindú del Mahabharata, siguen siendo influyentes en la actualidad.

La historia del nacimiento del Señor Krishna

El Señor Vishnu se encarnó como Krishna para proteger el dharma y difundir la paz en la tierra. Debido a su piel oscura, le dieron el nombre de Krishna, que en sánscrito significa "el color de la noche". Krishna es representado como un niño encantador que toca la flauta. Tiene ojos brillantes, tez negra o azul y un brillo celestial. El nacimiento de Krishna fue un acontecimiento importante en la historia del hinduismo, ya que el joven Krishna estaba destinado a moldear el destino espiritual de la humanidad.

La narración del nacimiento de Krishna presenta a sus padres, Devaki y Vasudeva, así como a su duro tío materno, el rey Kamsa. El rey Kamsa arregló el matrimonio de Devaki con Vasudeva, y durante la ceremonia de matrimonio, Aakash Vani, un médium de los dioses, proclamó que Kamsa sería asesinado por el octavo hijo de Devaki. Al oír esto, Kamsa intentó matar a Devaki con su espada.

Devaki y Vasudeva eran devotos y deseosos de criar hijos. Desafortunadamente, el nacimiento de Krishna ocurrió mientras su madre estaba en prisión. Su malvado hermano, que era egoísta y hambriento de poder, los había encarcelado a ella y a su marido.

Cuando Krishna nació como octavo hijo de Devaki, Kamsa estaba decidido a eliminarlo. Devaki llevó en su vientre a su octavo hijo durante un año, y en la medianoche de Ashtami (el octavo día del sexto mes), dio a luz a Krishna en medio de fuertes lluvias. A pesar de estar encarcelados, Devaki y Vasudeva oraron pidiendo misericordia y protección para su hijo.

En un giro milagroso de los acontecimientos, las cadenas de Vasudeva se rompieron y las puertas de su celda se abrieron por sí solas. Para proteger a su hijo de la ira de Kasma, Devaki abrazó a su hijo para darle un último adiós antes de entregárselo a Vasudeva, quien corrió hacia Gokul con Krishna. En el camino, Vasudeva encontró aguas crecientes en el río Yamuna y vio cestas en la orilla. Colocó al joven en una de las cestas y lo llevó sobre su cabeza.

El nivel del agua en el río aumentaba constantemente cuando Vasudeva entró en él debido a una tormenta. Entonces, de repente, el nivel del agua comenzó a bajar y una gran serpiente llamada Shesha acudió en su ayuda. Al principio, Vasudeva estaba asustado, pero pronto se dio cuenta de que la serpiente estaba allí para ayudarlo a cruzar el río de manera segura con Krishna. La serpiente protegió al niño de la lluvia y mantuvo su capucha extendida sobre Vasudeva hasta que llegaron a la orilla.

Vasudeva y Devaki, antes del nacimiento de Krishna, se sorprendieron al ver que Yashoda, la esposa de Nanda (Nanda era un jefe y más tarde se convertiría en el padre adoptivo de Krishna), había dado a luz recientemente a una niña cuando llegaron a su casa. Sin embargo, su llegada también trajo gran alegría a la casa, ya que Vasudeva, el primo de Nanda, había regresado después de muchos años. El corazón de Yashoda se rompió tan pronto como escuchó a Vasudeva contarle a la pareja la historia de su miseria. Resolvió salvar a su octavo hijo a cualquier precio y le preguntó a Vasudeva si podía cambiar a su hija por su hijo para que Kamsa no sospechara.

Este gran gesto de Yashoda tomó a Vasudeva por sorpresa y se llenó de lágrimas. Llevó a la joven a Mathura en la canasta. Tan pronto como entró en la prisión, se cerraron las puertas y se le colocaron los grilletes una vez más. Los guardias se despertaron con el llanto de la niña e inmediatamente alertaron a Kamsa sobre el octavo nacimiento. Como se anticipó, Kamsa llegó y le quitó el bebé a Devaki, amenazando con matarlos a ambos. Sin embargo, la niña desapareció abruptamente en el cielo y se transformó en una deidad. Desde arriba, advirtió a Kamsa que su destructor estaba siendo levantado en Gokul y que su muerte era inminente.

En la casa de Nanda, el niño fue llamado Krishna y Yashoda y Nanda lo criaron como si fuera suyo. Lo colmaron de amor y cuidado, tal como lo hicieron con Balarama, el medio hermano mayor de Krishna.

El intento fallido de Putana de asesinar al bebé Krishna

Después de enterarse de que el octavo hijo de Devaki había sobrevivido, Kamsa se angustió y buscó una manera de matar al bebé. Kamsa ordenó a Putana, un ser demoníaco con un rostro aterrador, que ejecutara a todos los niños del reino menores de diez días para asegurarse de que Krishna fuera asesinado. Puesto que mejoraría su reputación e infundiría miedo en los demás, Putana estaba ansiosa por aceptar la tarea. Mató a todos los bebés que pudo encontrar mientras iba de pueblo en pueblo hasta llegar a la comunidad donde vivía Krishna. Allí descubrió información sobre un joven único. Ella ya sabía que matar a Krishna no sería sencillo porque él no era un niño típico.

Putana se transformó en una encantadora dama para engañar a los aldeanos y a los padres adoptivos de Krishna. Le preguntó a Yashoda si podía alimentar al niño y Yashoda estuvo de acuerdo. Sin embargo, habría dicho que no si hubiera sabido que el extraño le había inyectado veneno de serpiente letal en los pechos. Putana llevó a Krishna afuera y le ofreció leche envenenada. Pero Putana pronto sintió como si estuviera siendo asfixiada por el fuerte agarre de Krishna. Krishna se aferró a Putana incluso después de que ella se transformó en un demonio para asustarlo.

Putana intentó volar hacia arriba para convencer a la niña de que la dejara ir, pero Krishna le quitó la vida y la hizo caer al suelo. El pequeño niño jugaba alegremente con el cuerpo del demonio cuando los sorprendidos habitantes del pueblo lo descubrieron.

La infancia del Señor Krishna

El tiempo de Krishna en Gokul es una parte esencial de su historia. Cuando era niño, Krishna capturó los corazones de las gopis, las pastoras de vacas de la aldea, con sus travesuras y hazañas milagrosas, como matar demonios y otras cosas que estaban más allá de las capacidades de los mortales comunes.

El encanto de Krishna sólo aumentó a medida que se hizo joven. Su forma melódica de tocar la flauta atraía a las gopis, incluida la hermosa Radha, la esposa de un gopa (un pastor de vacas), fuera de sus hogares para bailar con él a la luz de la luna. Krishna quería a Radha y permaneció devoto de él. Según una historia muy conocida, Krishna incluso salvó a los aldeanos de la ira del Señor Indra, quien provocó lluvias torrenciales en la aldea. Levantó la colina Govardhan con su dedo meñique y la usó como paraguas para proteger a los aldeanos del diluvio.

El poder divino y la naturaleza benevolente de Krishna pronto se hicieron evidentes para todos. Su tío Kamsa, que había encarcelado a su madre, todavía estaba decidido a eliminarlo. Kamsa envió muchos asesinos para matar a Krishna, pero ninguno tuvo éxito. Al final, Krishna y su hermano Balarama regresaron a Mathura, donde ejecutaron a Kamsa y establecieron la ley. Tras su triunfo, Krishna y los Yadavas (el clan de Krishna) se trasladaron a Dvaraka, que ahora se encuentra en Gujarat. Allí tomó ocho esposas, incluida Rukmini, una deslumbrante princesa del Reino de Vidarbha. Ashtabharya es el nombre colectivo de sus esposas.

Los intentos fallidos de Kamsa de matar a Krishna condujeron a su propia desaparición

A pesar de los repetidos intentos de Kamsa de eliminar a Krishna, no tuvo éxito. Para deshacerse de Krishna y Balarama, Kamsa y su sirviente idearon una nueva estrategia. Los hermanos aceptaron una invitación para ver un combate de lucha libre en Mathura. También se enfrentaron a dos de los luchadores más poderosos de Kamsa en el concurso, a quienes derrotaron fácilmente.

Kamsa estaba furioso por la derrota y dio la orden a sus soldados de matar a Krishna y Balarama. Sin embargo, Krishna los detuvo saltando hacia la audiencia y agarrando la corona de Kamsa. Luego arrastró a Kamsa por el pelo hacia el ring de lucha. Kamsa desafió a Krishna a una competencia de lucha libre en un esfuerzo por mostrar su poder, pero Kamsa murió por un golpe de la mano de Krishna. Después de la muerte de Kamsa, Krishna liberó a Devaki y Vasudeva, sus padres biológicos. Esta historia nos enseña que la verdad y la bondad siempre salen victoriosas al final.

Krishna y Kaliya

Krishna vivió una vida sencilla en el pueblo. Cada mañana, el Señor Krishna llevaba sus vacas al río para que pastaran. Después de un tiempo, la tragedia se mantuvo. Las vacas empezaron a morir de repente. Y no fueron sólo esas vacas, sino que todo lo que rodeaba el río quedó envenenado, incluidas las aves que lo sobrevolaban y la vida marina. Nadie sabía lo que había sucedido, pero Krishna estaba decidido a descubrirlo. Krishna descubrió que la serpiente de diez cabezas Kaliya vivía en el río y era responsable de envenenar a los animales que dependían del río para sobrevivir.

Krishna se dirigió a la enorme serpiente y le suplicó que dejara de contaminar el agua. Siendo malvada y obstinada, Kaliya objetó. Entonces, Krishna se sumergió en el agua peligrosa y bailó sobre la cabeza de Kaliya.

Los aldeanos se reunieron alrededor, ansiosos por ver al increíble Krishna, pero quedaron atónitos ante la vista. A medida que pasaba el tiempo, Krishna se volvió más y más pesado mientras bailaba sobre las diez cabezas de Kaliya. Pronto, el peso se volvió insoportable para la serpiente de diez cabezas. De hecho, la danza dejó una huella de los pies de Krishna en una de las cabezas de Kaliya. La esposa de Kaliya clamó a Krishna y le suplicó perdón. Sus gritos conmovieron a Krishna, y con la condición de que Kaliya y su esposa cruzaran el río y se fueran, él le perdonaría la vida.

¿Por qué al Señor Krishna se le llama Ranchod?

Uno de los muchos nombres utilizados para referirse al Señor Krishna es Ranchod, que tiene una historia de origen fascinante. En la época del Dvapara Yuga, Krishna se mudó a Madhura para proteger a su clan Yadava de los constantes ataques de los enemigos. La dinastía Yadava fue asaltada por el imparable demonio Kalayavana, Jarasandha de Magadha y otros enemigos. Para salvar a los Yadavas, Krishna construyó la majestuosa ciudad de Dvaraka en medio del océano y luego trasladó a los Yadavas allí.

Krishna fingió huir del campo de batalla cuando los hombres de Kalayavana lo persiguieron. Estos hombres fueron seguidos de cerca por el demonio. Kalayavana fue atraído por Krishna a una cueva, y este último fingió huir del campo de batalla. En la cueva, Muchukunda estaba meditando. Muchukunda, un gobernante del Treta Yuga y antepasado del Señor Rama, había apoyado a Indra en su conflicto con los Asuras. Muchukunda buscó un largo período de sueño ininterrumpido para revitalizarse después de ayudar a Indra a ganar. Además, exigió que cualquiera que lo despertara fuera reducido a cenizas. Indra concedió su deseo.

Krishna llevó a Kalayavana a la cueva donde dormía Muchukunda y Kalayavana lo despertó accidentalmente. La mirada de Muchukunda redujo a cenizas a Kalayavana. Por eso, el Señor Krishna se ganó el nombre de Ranchod, que significa "el que huye del campo de batalla". Este incidente muestra la astucia de Krishna y su capacidad para proteger a su pueblo de enemigos poderosos.

Krishna y su amor por la mantequilla

Krishna tenía un antojo insaciable de mantequilla. Gokul, la aldea donde residía, estaba bien provista de mantequilla, leche y cuajada. Cada vez que podía, Krishna tomaba un tarro de mantequilla de su madre o de otro aldeano. Para evitar que Krishna robara los tarros de mantequilla, las gopis y las madres de la aldea comenzaron a atarlos al techo. Esperaban que el pequeño y joven Krishna no pudiera alcanzar las ollas y que sus productos lácteos estuvieran seguros.

Sin embargo, el astuto Krishna y sus compañeros lograron conseguir las vasijas apoyándose en los hombros del otro o reorganizando las tejas del techo. Y si eso no les daba lo que querían, tiraban piedras a las ollas y atrapaban con la boca la mantequilla que caía.

Cuando las gopis se enteraron, se quejaron con la madre adoptiva de Krishna, Yashoda. Ella se comprometió a corregirlo, pero en lugar de hacer lo que le decía, Krishna les robó la ropa a las gopis mientras se bañaban en el río. Prometió devolverles la ropa si prometían dejar de quejarse con su madre.

Incapaz de corregir a su rebelde hijo, Yashoda encadenó a Krisna a un gran bastón. Krishna pudo liberarse mudándose al bosque con el bastón. Quedó atrapado entre dos árboles que estaban cerca uno del otro, pero tiró con tanta fuerza que arrancó ambos, liberándose en el proceso. Cuando Yashoda vio la fuerza de su pequeño, se dio cuenta de que no era un niño común y corriente.

La Gran Guerra de Kurukshetra

Arjuna, un príncipe Pandava, aprendió a confiar en Krishna como confidente y amigo. Sin embargo, se estaba gestando un terrible conflicto entre los Pandavas (cinco hermanos legendarios) y los Kauravas, los descendientes de Kuru, un legendario rey indio. Las dos partes se prepararon para la guerra y Krishna, que quería evitar el derramamiento de sangre, intentó mediar entre las partes. Propuso que los Kauravas concedieran a los Pandavas un pequeño pedazo de tierra, pero Dhritarashtra (el padre de los Kauravas en esta historia) se negó, ya que estaba decidido a aplastar a los Pandavas de una vez por todas.

A medida que la situación empeoraba, Krishna se ofreció a ayudar a los Pandavas, pero se negó a luchar él mismo, ya que creía que la violencia sólo conduciría a más sufrimiento. El Señor Krishna habló el conocido Bhagavad Gita. Proclamó: "Soy el creador exclusivo de este universo y puedo destruir sin esfuerzo a mis enemigos con mi 'Sudarshan Chakra' a voluntad. Sin embargo, quiero educar a las generaciones futuras sobre la importancia del Karma, el acto de realizar los propios deberes. Hay que cumplir con sus deberes sin apegarse al resultado y evitar dejarse llevar por el resultado. En cambio, deberían disfrutar el viaje para llegar a su destino".

Krishna permitió a Arjuna elegir entre su presencia y el préstamo de su ejército. Arjuna eligió la sabiduría de Krishna antes que sus tropas, reconociendo que su consejo valía más que cualquier ejército. A pesar de los mejores esfuerzos de Krishna, la guerra era inevitable y resultó en una trágica pérdida de vidas.

Después del conflicto, Krishna fue a ver a Gandhari, la tía de Dhritarashtra. Había perdido a cien de sus hijos en la batalla. Ella estaba afligida y enojada y maldijo a Krishna, ya que creía que él podría haber evitado el derramamiento de sangre. Ella dijo que él y toda su dinastía, los Yadavas, perecerían dentro de treinta y seis años, una maldición que se hizo realidad.

Señor Krishna en el arte

Desde el siglo V a. C., los hindúes veneran a Krishna. En Bengala y Udupi, India, en particular, se le considera la deidad hindú suprema. Se llevan a cabo muchas celebraciones en su honor, siendo Krishna Janmashtami la más conocida. En este día, los devotos ayunan durante veinticuatro horas y presentan postres a base de leche al niño Krishna. Las mechas se encienden a medianoche después de remojarlas en mantequilla como parte de la ceremonia para celebrar el nacimiento de Krishna.

Con frecuencia se representa a Krishna en el arte con la piel azul oscura o negra, vestido con una prenda amarilla y luciendo una pluma de pavo real en el cabello. Aparece frecuentemente con vacas y toca la flauta, un guiño a sus primeros días como pastor de vacas. Krishna también es recordado por poseer el Kaumodaki (la maza del Señor Vishnu) y el disco de chakra de Vajranabha (un rey Yadava), ambos regalos de Agni, el dios del fuego.

Los numerosos componentes de la personalidad de Krishna provienen de varias deidades. En el siglo V a. C., se adoraba a Vasudeva-Krishna (como en el hijo de Vasudeva), mientras que Krishna, el pastor de vacas, era venerado como una deidad pastoral. Al final, los dos se unieron para formar Narayana (un avatar de Vishnu). Dado que las relaciones adolescentes de Krishna con las gopis se consideran indicaciones de una interacción amorosa entre dios y el alma humana, la adoración de Krishna también ofrece una comprensión distintiva de los paralelos entre el amor divino y el humano.

Debido a las numerosas leyendas que rodean la existencia de Krishna, existen varias pinturas y esculturas que lo representan en diversos escenarios. Con frecuencia se representa al niño Krishna gateando sobre manos y rodillas o bailando alegremente mientras sostiene una bola de mantequilla en su regazo. Krishna también se muestra como un amante divino tocando la flauta mientras está rodeado de gopis postradas. La imagen de Krishna siendo adorado es una de las más conocidas.

El Señor Krishna: vida personalizada

De acuerdo con la creencia popular, Sri (Señor) Krishna tuvo hijos de cada una de sus ocho esposas principales. En el momento en que mató al demonio Narakasura, que era un gobernante duro, se dice que tenía 16.100 esposas, la mayoría de las cuales procedían del Palacio de

Narakasura. Esto se interpreta como una manifestación de la compasión de Sri Krishna por las personas que fueron víctimas de costumbres sociales y normas culturales obsoletas.

Rukmini, Satyabhama, Jambavati, Kalindi, Mitravinda, Nagnajiti, Lakshmana y Bhadra fueron las ocho esposas principales de Sri Krishna. Los diez hijos de Sri Krishna nacieron de una de estas ocho reinas.

Según una versión anterior del Bhagavata Purana, también se dice que Sri Krishna tuvo una niña llamada Charumati con Rukmini.

Conclusión

La vida y las enseñanzas de Krishna han sido una fuente de inspiración para personas de todas las edades y orígenes. Su historia nos enseña sobre la importancia del amor, la amistad, la devoción y el sacrificio. El mensaje de Krishna es universal y relevante hoy mientras nos esforzamos por encontrar significado y propósito en nuestras vidas.

La vida de Krishna estuvo llena de desafíos, pero los enfrentó con gracia y sabiduría. Sus enseñanzas continúan brindando orientación a las personas que buscan vivir una vida con propósito, significado y servicio. A través de su vida y sus enseñanzas, Krishna ha dejado una marca indeleble en el hinduismo y el mundo, y su legado seguirá inspirando a las generaciones venideras.

Capítulo 7: Ganesha, Señor de la suerte

Ganesha, también conocido como Ganesh, se conoce como el Eliminador de Obstáculos. La historia de su nacimiento, de volver a la vida a partir de las lágrimas de Parvati y ser decapitado por su padre, quien reemplazó su cabeza por la de un elefante, también le dio el título de Señor de la Suerte y Señor de los Nuevos Comienzos. Es una deidad venerada y celebrada y, como Señor de los nuevos comienzos, a menudo se le invoca al comienzo de las ceremonias religiosas.

Si bien algunos textos relacionan sus orígenes con Shiva y Parvati, algunas tradiciones, en particular la Ganapatya, creen que Ganesha es el Ser Supremo. Aparte de su atributo más notable, la cabeza de elefante, Ganesha también es conocido como el patrón del conocimiento, las artes, las ciencias y la sabiduría. Los nombres de sus avatares incluyen Ganapati, Vinayaka y Pillaiyar.

Apariencia

Ganesha
Pradeep Kumar Sharma, CC BY-SA 4.0<https://creativecommons.org/licenses/by-sa/4.0>, vía Wikimedia Commons. La imagen ha sido recortada.
https://commons.wikimedia.org/wiki/File:Lord-ganesha-22.jpg

El Ganesha Purana, escrito entre 1100 y 1400 d. C., ofrece la mayor comprensión de Ganesha. En los textos se le representa con una cabeza de elefante. Aunque la historia de Shiva reemplazando su cabeza por la de un elefante es la más popular, existen otras explicaciones.

Algunos textos sugieren que Ganesha nació simplemente con cabeza de elefante. Otro sugiere que Ganesha nació de la risa de Shiva. Su forma puso celoso a Shiva, ya que lo consideraba demasiado atractivo físicamente. En respuesta, Shiva le dio a su hijo una cabeza de elefante y un vientre protuberante. Ciertos textos también afirman que Ganesha tenía cinco cabezas de elefante en lugar de una.

Ganesha ha sido representado regularmente con un solo colmillo, y los textos mitológicos afirman que el otro colmillo estaba roto. Como tal, también se le conoce como Ekadanta, un colmillo, aunque este nombre también se atribuye a su segunda encarnación. En su segunda reencarnación, Ganesha emerge como Ekadanta y viaja sobre un ratón para derrotar al demonio Madasur. En algunas imágenes, Ganesha sostiene su colmillo roto en una mano.

El vientre redondo de Ganesha se convirtió en un atributo bastante distintivo y puede verse en representaciones pictóricas y estatuas que surgieron entre los siglos IV y VI d. C. La característica es lo suficientemente importante como para que dos de las encarnaciones de Ganesha lleven su nombre: Lambodara y Mahodara, que significan "vientre colgante" y "gran barriga", respectivamente. El vientre de Ganesha también es simbólico, ya que se cree que contiene todos los universos, el pasado, el presente y el futuro.

Muchos dioses y diosas de la mitología india son retratados con más de dos brazos, y Ganesha no es diferente, aunque el número de sus brazos varía según los textos, y sus representaciones más famosas tienen hasta dieciséis brazos. Las representaciones más habituales, sobre todo en los Puranas, tienen cuatro brazos, aunque en determinadas representaciones entre los siglos IX y X se pueden ver hasta veinte brazos. Ganesha también suele aparecer con una serpiente, a veces envuelta alrededor de su cuello, tobillos o estómago, o como un hilo sagrado sostenido en una mano. A veces Ganesha se sienta en un trono.

La frente de Ganesha presenta un tercer ojo, con tres líneas colocadas horizontalmente a lo largo de la frente, junto con una luna creciente. La representación de la luna es consistente con una de las encarnaciones de Ganesha, Bhalchandra, o "luna en la frente". Las representaciones de Ganesha aparecen en varios colores, lo que se deriva del texto específico en el que se lo menciona. Se le ve comúnmente de color rojo. Sin embargo, sus otras formas también lo han mostrado en color blanco, y su forma Ekadanta a menudo se muestra en color azul.

Toda la apariencia de Ganesha también tiene un significado simbólico. La cabeza de elefante es una marca de su título como Eliminador de Obstáculos, ya que los elefantes eliminan obstáculos en los bosques para crear un camino que otros puedan seguir. También representa la sabiduría y el intelecto que uno debe poseer y ejercitar en la vida para tener éxito. Ganesha tiene orejas grandes, lo que significa la importancia de escuchar, y su trompa contiene todo lo que existe en el universo.

Etimología

El nombre de Ganesha tiene sus raíces en el sánscrito, con la unión de las palabras gana e isha, que significan "multitud" y "señor", respectivamente. Ganas es también el nombre de las tropas de Shiva, por lo que se considera que Ganesha significa el Señor de los Ganas, lo que también se indica en su nombre alternativo Ganapati, donde pati significa "gobernante". Los nombres conocidos de los avatares de Ganesha incluyen los siguientes:

- Ganapati
- Vinayaka
- Vighnaraja
- Vighneshwara
- Dvaimatura
- Ganadhipa
- Ekadanta
- Heramba
- Lambodara
- Gajanana

El nombre Vinayaka se menciona a menudo en los textos puránicos. Los ocho templos de Ganesha en Maharashtra, conocidos colectivamente como Ashtavinayaka, llevan el nombre de Vinayaka. Los nombres Vighnaraja y Vighneshwara significan su título de Eliminador de obstáculos, ya que Vighnaraja significa aquel que elimina obstáculos y Vighneshwara el que crea obstáculos.

Otro nombre común para Ganesha proviene del idioma tamil. Pillaiyar se traduce como "niño noble". Sin embargo, tomado de las palabras pallu o pella, también puede significar diente o colmillo de elefante, lo que obviamente denota la apariencia única de Ganesha.

Características

Al igual que otros dioses de la mitología, hay muchas características y atributos únicos asociados con Ganesha que indican su papel en el orden cósmico. Estos van desde los títulos que se le han otorgado, como el de Eliminador de obstáculos, hasta otras características notables y simbólicas que las personas deben seguir para llevar una vida sabia y exitosa.

Eliminador de obstáculos

El título de Eliminador de Obstáculos puede significar muchos roles. Puede ser simbólico, derivado de su forma de elefante, ya que los elefantes crean caminos para que otros los sigan. Como Ganesha también es conocido por su sabiduría, el título también significa su papel en la creación de caminos en el mundo espiritual. Sin embargo, su papel no es simplemente eliminar obstáculos. Ganesha coloca obstáculos en los caminos de aquellos que se desvían del camino recto o buscan crear caos o maldad. Esto también resalta por qué se celebra y adora a Ganesha al comienzo de cualquier ritual, ya que invocarlo eliminará los obstáculos del camino espiritual de las personas y permitirá que el ritual continúe sin ningún problema.

Simbólicamente, Ganesha representa el poder que hay en cada persona para superar los obstáculos que se le presentan. Sin embargo, su papel como Eliminador de obstáculos no está separado de su papel como creador de obstáculos. En esencia, esto puede significar que desviarse del propio camino puede crear obstáculos en la vida, mientras que mantenerse en el camino correcto y practicar la sabiduría y el uso del intelecto puede alejarlo a uno de los desafíos de la vida.

En otras interpretaciones, el papel de Ganesha como creador de obstáculos es crear perseverancia en la vida. Los obstáculos permiten a las personas desarrollar fuerza para afrontar los momentos difíciles de la vida. Como Eliminador de obstáculos, Ganesha practica un control total sobre los impulsos perturbadores que, si se actúan sobre ellos, podrían conducir a la creación de obstáculos en el camino. Por lo tanto, esos obstáculos se eliminan mediante la práctica del autocontrol y el uso de la sabiduría y la fuerza.

Buddhi (inteligencia)

Como Señor de las Letras y el Aprendizaje, uno de los atributos más notables de Ganesha es su inteligencia. Buddhi, o intelecto, es un concepto que está presente en las historias de Ganesha que demuestran su amor y deseo por la inteligencia y la astucia. Como tal, a menudo se hace referencia a Ganesha como alguien que posee inteligencia universal, o mahat-tattva. Entre las realidades no permanentes que se crean y destruyen, la inteligencia se considera la forma más elevada, y Ganesha, como su poseedor, es tenido en alta estima.

La inteligencia en los seres vivos se considera la culminación del yo, Shiva, y de la naturaleza, Parvati. Ganesha, que nació de Shiva y Parvati, es una mezcla de sus respectivos rasgos y, por tanto, puede poseer una inteligencia suprema. Su intelecto también se relaciona con su título de Eliminador de Obstáculos, ya que se requiere un gran nivel de intelecto para seguir adelante en la vida mientras se eliminan obstrucciones innecesarias del camino.

Junto con buddhi, otro rasgo atribuido a Ganesha es la perfección, siddhi. Más específicamente, otorga la perfección. Los hindúes creen que no se debe orar por cosas materialistas, sino más bien por inteligencia y perfección. Siddhi se logra más adecuadamente cuando uno recibe algo antes de tener la oportunidad de desearlo, logrando la verdadera perfección. Por ejemplo, alguien que es capaz de lograr el éxito en la vida, como la riqueza, no albergaría el deseo de tener más dinero. Sin embargo, cuando un deseo se expresa y no se cumple, muestra una falta de siddhi y también puede indicar una falta de buddhi. La adoración de Ganesha, por lo tanto, aporta las cualidades de perfección e intelecto al devoto, quien luego es capaz de afrontar los desafíos de la vida.

Om

El símbolo de Om
https://commons.wikimedia.org/wiki/File:Aum_Om_black.svg

Om es un mantra hindú con el que se identifica a Ganesha. Ganesha es visto como la personificación del sonido primordial. Algunos textos se refieren a él como el Ser Supremo, la culminación de la Trimurti, que contiene el aire y el fuego, el sol y la luna, y los tres mundos combinados del cielo, la tierra y el infierno. Ganesha, como poseedor o personificación de Om, se refiere a su dominio sobre todo esto.

A Ganesha a menudo se le llama Omkara (uno con la forma de Om), ya que él lo manifiesta. Muchos textos y quienes practican el culto a Ganesha señalan que el contorno de su cuerpo coincide con la letra que se utiliza para referirse a Om. Como personificación de todo el cosmos, Ganesha tiene una gran importancia y, por lo tanto, se le conoce como un señor igual a Trimurti.

El mantra que se le dice a Ganesha es "Om gam ganapataye namaha", que aborda primero el sonido primordial Om sobre el cual Ganesha tiene control total y que se traduce como "despertar". Gam y ganapataye se refieren a Ganesha, y namaha ofrece a los recitadores saludos y adoración a Ganesha. También es un llamado a Ganesha para ayudar al recitador a eliminar obstáculos y ayudarlo a desbloquear su chakra, o centros de energía del cuerpo, y lograr estabilidad en la vida, sobre la cual Ganesha también es señor. El mantra ayuda a controlar la ansiedad interna, mejora la salud física y abre la puerta a la sabiduría y el intelecto, que luego pueden conducir a una mejor toma de decisiones en la vida en lugar de la ansiedad que uno estaba experimentando.

Primer chakra

El Muladhara, o primer chakra, es donde se cree que reside Ganesha. Este es el chakra raíz. En el Muladhara reposa la manifestación y expresión de la fuerza divina, y Ganesha la preside. Asociado con el elemento tierra, el chakra raíz se encuentra en la forma física, es decir, en el cuerpo y en los huesos. Ganesha gobierna el chakra raíz con su cabeza de elefante, su corpulento vientre y su forma humana. Como gobernante de Muladhara, Ganesha guía la conexión entre los seres vivos y sus cuerpos.

Las energías cósmicas que recibe el cuerpo llegan a través de los siete chakras, y el chakra raíz forma la base de estas energías. Se encuentra cerca de la base de la columna y a menudo se asocia con el acto de secreción. Un chakra raíz fuerte indica una base sólida, supervivencia y la capacidad de defenderse a uno mismo. Sin él, uno pierde el sentido y el sentimiento de pertenencia, creando una visión débil de la vida.

Por tanto, Ganesha es la fuente de estabilidad, pertenencia, salud y riqueza en la vida de quienes dominan el chakra raíz. También se dice que Ganesha habita en el plexo espinal de todos, lo que significa que está con todos, ofreciendo su apoyo, intelecto y sabiduría a aquellos que son capaces de dominar el Muladhara. Ganesha también actúa como guía para todos los demás chakras, guiando así la manifestación de la vida y el éxito.

Historias de Ganesha

Hay muchas historias relacionadas con Ganesha. Muchos de estos significan sus atributos, como su dominio sobre el chakra raíz o su sabiduría e intelecto. Algunas historias difieren en la forma en que se cuentan. De todos modos, brindan información sobre el papel y la importancia de Ganesha en el orden cósmico mayor.

El nacimiento de Ganesha

Hay varias historias sobre el nacimiento de Ganesha, y muchas de ellas parecen variar en ciertos hechos sobre cómo llegó a existir y, en particular, cómo llegó a tener un solo colmillo. Una historia sugiere que Ganesha nació de una muñeca de tela que cobró vida gracias a las lágrimas de Parvati después de que Shiva le negó un hijo, aunque una historia similar sugiere que, si bien Parvati hizo a Ganesha con tela, le pidió a Shiva que le trajera vida.

Una historia más conocida sobre su nacimiento no se relaciona en absoluto con el deseo de Parvati de tener un hijo. En cambio, Ganesha surgió cuando Parvati, que deseaba bañarse sin ser interrumpida por Shiva, conjuró a Ganesha amasando la tierra que había a su alrededor y dándole forma de niño. Entonces el niño volvió a la vida. Le asignaron vigilar el camino hacia donde ella se bañaba y no dejar entrar a nadie. Cuando llegó Shiva, vio a un chico guapo que le negó la entrada. Entonces, enojado, le cortó la cabeza al niño. Al ver el dolor de Parvati, juró recuperar a Ganesha y partió en busca de un reemplazo. Lo único que encontró fue la cabeza de un elefante, que estaba colocada sobre el cuerpo de Ganesha.

A veces se hace referencia a Ganesha como el único hijo de Parvati, ya que nació de uno de los padres. Sin embargo, se le conoce más comúnmente como el hijo de Parvati y Shiva.

Aunque hay muchas historias sobre cómo Ganesha solo tiene un colmillo, la más simple es que uno de sus colmillos se rompió cuando Shiva colocó la cabeza del elefante sobre el cuerpo de Ganesha.

Ganesha sostuvo el colmillo roto en una mano. Sin embargo, otras historias difieren de esto y narran una secuencia diferente de eventos que llevaron a la rotura del colmillo.

El colmillo roto

En una historia, Ganesha, como patrón de las letras y las artes, se sentó a escribir el Mahabharata. Este poema épico es uno de los más largos que existen y, mientras Ganesha lo escribía, la pluma que estaba usando se rompió en su mano. Para no permitir que su escritura fuera interrumpida, se cree que Ganesha se rompió el colmillo y lo usó como pluma. Este sacrificio con un propósito artístico refuerza el papel de Ganesha como Señor de las Letras y muestra su dedicación a crear algo, incluso si tiene un costo personal.

Otra historia presenta una lección diferente, una de lealtad, y también presenta el origen del nombre Ekadanta. En esta historia, Shiva le pidió a Ganesha que lo cuidara mientras descansaba y que no permitiera el paso de ningún extraño. Ganesha ocupó su puesto mientras Shiva dormía y se mantuvo fiel a su tarea. Mientras Shiva dormía, un brahmán (un guerrero) vino a visitarlo, conocido como Parashuram. Ganesha no conocía a este guerrero y por eso lo rechazó. Enojado por haber sido rechazado y además por no saber quién era Ganesha, Parashuram comenzó a pelear con Ganesha. En su ira, el guerrero arrojó su hacha a la cabeza de Ganesha, que Ganesha detuvo con su colmillo, rompiéndola en el proceso. Aun así, no dejó pasar al guerrero. En cuanto a Parashuram, se dio cuenta de su error y se arrepintió de lo que había hecho. Pidió perdón a Shiva, el cual le fue concedido. Esta historia muestra la devoción de Ganesha por el deber que se le asignó y por su padre.

La sabiduría de Ganesha

Existen muchas historias que narran la sabiduría de Ganesha. Una de esas historias comienza con el conflicto de Ganesha con su hermano menor Karthikeya, también conocido como Skanda. El conflicto comenzó cuando los hermanos encontraron una fruta única en el bosque. Naturalmente, cada uno lo quería todo para él y se negaba a compartirlo con el otro. Entonces, decidieron hablar del asunto con sus padres y se dirigieron al Monte Kailash.

Shiva reconoció inmediatamente que la fruta poseía grandes poderes; podía conceder a su devorador la inmortalidad y un gran conocimiento, pero sólo podía ser consumido por aquel que tenía derecho a comerlo.

Para resolver su enigma, Shiva propuso un desafío a los hermanos, que aceptaron. Les pidió a ambos que dieran tres vueltas al mundo. Quien terminara primero tendría derecho a consumir el fruto del conocimiento y la inmortalidad.

Mientras Skanda inmediatamente tomó a su mascota, el pavo real, y comenzó a viajar alrededor del mundo, Ganesha se tomó un momento para considerar lo que Shiva había dicho y se dio cuenta del truco del desafío. En lugar de intentar recorrer todos los universos creados, dio tres vueltas alrededor de Shiva y Parvati. Satisfecho e impresionado por la sabiduría de Ganesha, Shiva lo convirtió en el legítimo propietario de la fruta.

La maldición de la luna de Ganesha

La historia de Ganesha sobre la maldición de la luna también se relaciona con su colmillo roto. Comienza con el viaje de regreso de Ganesha de un banquete organizado por el dios de la riqueza, Kubera. Ganesha había comido bien en el banquete y su montura, un ratón, tenía problemas para soportar el peso extra. Aquí, algunas historias se desvían y afirman que el peso extra de Ganesha hizo que el ratón cayera. Otras historias sugieren que mientras Ganesha hacía su viaje, una serpiente se cruzó en su camino y el ratón se escapó, provocando que Ganesha se cayera. Su estómago se abrió, vaciando todo lo que había comido en el banquete.

Ganesha rápidamente guardó todo y tomó la serpiente, atándola alrededor de su estómago para mantenerla en su lugar. Sin embargo, escuchó a la luna reírse de él, lo que enfureció a Ganesha. Se rompió uno de sus colmillos y lo arrojó a la luna, que inmediatamente se partió. Ganesha maldijo a la luna, diciendo que nunca volvería a estar completa. En algunas versiones, Ganesha maldijo a la luna para que nunca fuera adorada durante la noche de Ganesh Chaturthi. Así, Ganesha perdió su colmillo y la luna obtuvo un cráter permanente.

Culto

Estatua de Ganesha del siglo XIII
Quadell, CC BY-SA 3.0 <http://creativecommons.org/licenses/by-sa/3.0/>, via Wikimedia Commons; https://commons.wikimedia.org/wiki/File:13th_century_Ganesha_statue.jpg

El culto a Ganesha no se limita a eventos religiosos, sino que forma parte de la vida diaria de muchos hindúes. Dado que es el Eliminador de obstáculos, a menudo se le adora antes del comienzo de cualquier tarea, como comprar un vehículo nuevo, iniciar un nuevo negocio o cualquier cosa que signifique un nuevo comienzo.

Ganesh Chaturthi es un festival anual que se celebra a principios del otoño en honor a Ganesha. El festival dura diez días y su comienzo está marcado por personas que traen ídolos de arcilla de Ganesha. Al final del festival de diez días, el día de Anata Chaturdashi, los ídolos son llevados a una masa de agua adecuada y sumergidos allí para permitir que Ganesha regrese a casa después de quedarse con sus devotos durante el festival.

Además, la adoración en el templo de Ganesha es común, pero se lo representa de manera diferente según el templo. A menudo aparece como una deidad subordinada (una segunda deidad de la deidad principal). En otros casos, especialmente en los templos dedicados a él, Ganesha es la deidad principal.

Capítulo 8: Cuentos del Mahabharata

El Mahabharata es una importante epopeya india y está considerado como uno de los poemas épicos más largos jamás escritos. Inicialmente fue compuesto en sánscrito y se cree que fue escrito por el sabio Vyasa. La epopeya es un componente esencial de la cultura india, y sus cuentos, personajes y lecciones han impactado la literatura, el arte y la filosofía durante siglos.

El Mahabharata describe una guerra entre dos ramas de la dinastía Kuru por el control del Reino Kuru. El conflicto de los cinco hermanos Pandava con sus primos Kaurava, quienes tomaron el control de su reino, es el tema central de la historia. El hermano mayor, Yudhishthira, está a cargo de los Pandavas, a quienes se considera los personajes principales de la historia. Duryodhana, el hermano mayor, está a cargo de los Kauravas.

La epopeya supuestamente está ambientada en el antiguo Reino Kuru, que se dice que está en lo que hoy es Haryana, en el norte de la India. La dinastía Kuru y sus reyes, incluidos el rey Shantanu y su hijo Bhishma, se presentan al comienzo de la historia. Luego, la trama sigue las vidas de los Pandavas y sus conflictos con los Kauravas, que finalmente resultan en una terrible batalla.

El Mahabharata explora una variedad de temas filosóficos y éticos además de contar la historia de un conflicto entre dos familias. En la epopeya se incluyen discusiones sobre dharma (bondad), karma (actividades y sus resultados) y moksha (liberación del ciclo de la vida y la muerte). Una discusión entre el guerrero Arjuna y su auriga Krishna constituye el Bhagavad Gita, que es un capítulo del Mahabharata. Una de las enseñanzas hindúes más importantes es el diálogo entre Arjuna y Krishna, ya que examina una serie de ideas espirituales y éticas.

También hay otras historias y subtramas en el Mahabharata. La historia de Nala y Damayanti es una de esas historias que explora los conceptos de amor y confianza. Otra historia muy conocida es la de Savitri y Satyavan, que trata sobre la lealtad y la devoción.

El Mahabharata no es sólo un libro religioso; es también una obra de cultura e historia. Arroja luz sobre los hábitos, tradiciones e ideales de la antigua sociedad india. La epopeya describe los numerosos roles que desempeñan las mujeres en la sociedad, especialmente la formidable y poderosa figura de Draupadi, la esposa del rey Pandava. También se describe el valor de la familia, la lealtad y el honor en la cultura india.

Satyavati y la dinastía Kuru

Rey Shantanu y Satyavati
https://commons.wikimedia.org/wiki/File:Santanu,_a_king_of_Hastinapura_in_the_Mahabharata_,_saw_a_beautiful_woman_on_the_banks_of_the_river_Ganga.jpg

Una figura esencial en la epopeya Mahabharata fue Satyavati. Nacida para ser pescadora, Satyavati era famosa por su extraordinaria belleza y carisma. Su vida es una asombrosa historia de amor y devoción.

Satyavati era hija de un pescador llamado Dasharaja. Debido a la ocupación de su padre, le dieron el nombre de Matsyagandha, que se traduce como "alguien que huele a pescado". Sin embargo, estaba dotada de gran belleza y gracia a pesar de provenir de un entorno humilde.

Un día, Satyavati llamó la atención de Parashara mientras escoltaba al gran sabio a través del río. Le pidió que pasara la noche con él. Inicialmente reacio, Satyavati accedió con la condición de que la hiciera oler bien para siempre. Ella consiguió su deseo.

Satyavati dio a luz a un niño después de pasar la noche juntos y le dieron el nombre de Vyasa. Vyasa más tarde se convertiría en un sabio famoso y escribiría el Mahabharata.

Después de un tiempo, Satyavati se casó con el rey Shantanu de Hastinapur, quien quedó cautivado por su belleza y elegancia. Pero enfrentaron dificultades en su matrimonio. Chitrangada y Vichitravirya eran los nombres de los dos hijos de Satyavati y Shantanu. Vichitravirya se convirtió en el único heredero del reino después de la temprana muerte de Chitrangada.

Cuando Vichitravirya estaba en edad de casarse, Satyavati hizo arreglos para su unión con las hijas del rey Kashi, Ambika y Ambalika. Sin embargo, Vichitravirya falleció muy rápidamente después de la boda y no dejó heredero. Como resultado, no hubo nadie para ocupar el trono, lo que provocó una crisis en el país.

Satyavati solicitó la ayuda de Vyasa, su hijo de su unión con Parashara, para preservar la supervivencia de la dinastía Kuru. Ella le pidió que tuviera hijos con Ambika y Ambalika para que el legado de la dinastía Kuru perdurara. Satyavati le dio a Vyasa la orden de concebir a Ambika mientras ella estaba en su ciclo reproductivo. Cuando se conocieron, la incomodidad de Ambika con la piel oscura de Vyasa la hizo cerrar los ojos. Así dio a luz a un niño ciego y robusto que se convirtió en el antepasado de los Kauravas. Satyavati consideró que su condición era inapropiada para un monarca y solicitó que Vyasa realizara un acto similar con su nuera menor, Ambalika. Pero cuando Ambalika vio a Vyasa, se asustó y dio a luz a un bebé delgado. Así, Pandu, el pálido, y Dhritarashtra, el monarca ciego, entraron en el universo.

Satyavati fue esencial para la fundación y supervivencia de la dinastía Kuru. Sus descendientes continuaron su herencia participando en la batalla épica de Kurukshetra.

Pandu y Dhritarashtra

En el Mahabharata, los dos hermanos llamados Pandu y Dhritarashtra tuvieron un impacto significativo en los acontecimientos que condujeron a la guerra de Kurukshetra.

Dhritarashtra era el hermano mayor de Pandu y nació ciego. Debido a su discapacidad, Pandu fue elegido para gobernar Hastinapura, la capital del reino Kuru.

Duryodhana, el principal adversario del Mahabharata, fue uno de los cien hijos de Dhritarashtra. Estaba casado con Gandhari, quien se vendó los ojos para poder comprender el dolor de su marido.

Dhritarashtra
Ramanarayanadatta astri, CC0, vía Wikimedia Commons;
https://commons.wikimedia.org/wiki/File:Dhritrashtra.jpg

Pandu, el hermano menor, gobernó durante un tiempo. Un día estaba en el bosque, disfrutando de la vida silvestre y los sonidos de la naturaleza. De repente escuchó el ruido de un animal salvaje. Disparó una flecha hacia el sonido, alcanzando a un sabio que se había convertido en ciervo para hacer el amor. Maldice a Pandu, diciendo que morirá si alguna vez tiene relaciones sexuales. Pandu se fue al bosque con sus esposas, dejando el trono a Dhritarashtra.

El conflicto entre los hermanos Pandava y sus primos, los Kauravas

La batalla entre los Pandavas y Kauravas

https://commons.wikimedia.org/wiki/File:The_Pandava_brothers%27_nephew_Abhimanyu_battl es_the_Kaurava_brother_Duhshasana,_from_a_manuscript_of_the_Mahabharata.jpg

La pelea más grande en el Mahabharata es entre los cinco hermanos Pandava y sus parientes, los Kauravas. La rivalidad entre los dos linajes de la dinastía Kuru, que eran descendientes del legendario rey Kuru, fue la causa del conflicto. La batalla es una historia complicada que abarca una serie de elementos, incluidos el resentimiento, la codicia, el orgullo y el poder.

El rey Pandu fue el padre de los cinco Pandavas. Pero ¿cómo pudo Pandu tener cinco hijos si iba a morir después de tener relaciones sexuales? Un sabio aceptó el anhelo de su madre Kunti de invocar el favor de los dioses para tener hijos. Invocó a los dioses Dharmaraja, Vayu e Indra para que dieran a luz a sus tres hijos, Yudhishthira, Bhima y Arjuna. Madri, la otra esposa de Pandu, rezó a los Ashvinis (dioses gemelos hindúes asociados con la medicina, la salud, el amanecer y las ciencias) para que la ayudaran a concebir a sus dos hijos, Nakula y Sahadeva. Pandu finalmente tuvo relaciones sexuales con Madri y murió poco después. Madri, avergonzada por lo sucedido, se suicidó, dejando a Kunti sola para criar a sus cinco hijos.

Kunti los crió en la capital junto a sus primos, los Kauravas. Sin embargo, el mayor Kaurava, Duryodhana, se negó a aceptarlos como su familia. Odiaba a los Pandavas y este odio se extendió a los otros Kauravas.

Duryodhana desarrolló varios planes para herir o matar a los Pandavas, que incluían envenenar su comida, ahogarlos en un río y quemarlos en una casa de cera. Duryodhana creyó que el fuego los había matado, pero los hermanos sobrevivieron, habiendo sido advertidos del complot.

La noticia de la existencia de los Pandavas finalmente llegó a oídos de su tío, quien les dio la bienvenida al reino con los brazos abiertos. Pero Duryodhana, que ahora era el heredero reconocido, no quería que regresaran, porque sabía que surgirían dudas sobre la herencia. Dhritarashtra sabía que no sería correcto eliminar a los Pandavas por completo, por lo que se quedó con la capital y las tierras circundantes para él y su hijo y les dio tierras desoladas a los Pandavas.

Fue un desafío, pero los Pandavas pudieron convertir su reino en algo asombroso. Duryodhana, muy influenciado por su tío Shakuni, decidió jugar a los dados con su primo mayor, Yudhishthira. Los dados que usó Duryodhana eran mágicos y le permitían ganar en todo momento. Primero, engañó a Yudhishthira para quitarle su riqueza y su reino. Luego, Yudhishthira apostó a sus hermanos, a él mismo e incluso a su esposa, convirtiendo a la familia en esclavas de Duryodhana. en el que hizo trampa y ganó el reino.

Duryodhana humilló a los Pandavas, lo que provocó que Dhritarashtra finalmente interviniera y les devolviera todo a los Pandavas. Pero Duryodhana tuvo un ataque y amenazó con suicidarse si no le permitían jugar un juego más con los Pandavas. Esta vez, el perdedor sería enviado a vivir en el bosque durante doce años y pasaría el decimotercer año disfrazado. Si su tapadera era descubierta durante el decimotercer año, el ciclo comenzaría de nuevo. Gracias a los dados mágicos, Duryodhana ganó y los Pandavas fueron exiliados.

Los Pandavas emplearon su tiempo sabiamente, reuniendo suministros y un ejército para tomar la capital por la fuerza si fuera necesario. Cuando se les acabó el tiempo, regresaron a Hastinapura y pidieron que les devolvieran su antiguo reino. Duryodhana, que ahora era rey, no estaba dispuesto a dividir su reino. Krishna intervino y pidió a Duryodhana que le entregara cinco aldeas, pero él aun así se negó. Una guerra era inevitable. Según la tradición, millones de tropas y combatientes perecieron durante la guerra de Kurukshetra de dieciocho días, que también se cobró la vida de algunas figuras importantes del Mahabharata, entre ellas Bhishma, Drona, Karna y muchos otros. Los Pandavas finalmente triunfaron y Yudhishthira fue ungido rey de Hastinapura.

La lucha entre el bien y el mal y la victoria del dharma (la rectitud) sobre el adharma (la injusticia) están representadas por la guerra entre los Pandavas y los Kauravas. La narrativa también está llena de lecciones y ha servido como ejemplo y fuente de inspiración para personas de todas las edades.

El Bhagavad Gita

En el Mahabharata se incluye una escritura hindú de setecientos versos conocida como Bhagavad Gita. Muchos creen que es un manual de conducta espiritual y moral y lo ven como una de las obras más importantes del hinduismo.

Arjuna, un príncipe guerrero, y el Señor Krishna, su auriga, conversan en el Bhagavad Gita. Arjuna está preparado para liderar su ejército contra sus propios parientes en la lucha por el control del reino. Cuando Arjuna reconoce a miembros de su familia y amigos entre el enemigo, lo invade la tristeza y la incertidumbre y pierde toda motivación para luchar.

Según el Bhagavad Gita, Arjuna se sintió abrumado por sentimientos contradictorios y escepticismo sobre el fundamento de la guerra en vísperas de la guerra de Kurukshetra. Estaba considerando la posibilidad de entrar en combate y matar a sus propios familiares y maestros y estaba debatiendo cómo proceder. El Señor Krishna, una encarnación del dios hindú Vishnu, era el auriga y compañero de Arjuna. Arjuna le confió sus preocupaciones e incertidumbres.

En respuesta, el Señor Krishna pronunció un discurso conocido como Bhagavad Gita, que contiene algunas de las ideas filosóficas más profundas. Krishna impartió a Arjuna la naturaleza del yo, el universo y lo divino, así como el potencial del yoga para alcanzar el nirvana. Krishna enfatizó además que el trabajo de Arjuna como guerrero era luchar y llevar a cabo su dharma, independientemente del resultado.

Krishna aconsejó a Arjuna que ejecutara sus actos como un acto de adoración en lugar de conectarse emocionalmente con los resultados de lo sucedido. Hizo hincapié en que la muerte era simplemente un cambio de una forma a otra y que el yo real era eterno e indestructible.

El Señor Krishna inspiró a Arjuna a participar en el combate con valentía, tenacidad y objetividad. Después de superar sus miedos e inquietudes, Arjuna participó valientemente en la guerra de Kurukshetra. Desde entonces, el Bhagavad Gita se ha convertido en una de las obras maestras literarias más veneradas del hinduismo y su mensaje de sabiduría esotérica ha inspirado a millones de personas en todo el mundo.

Karna

Una de las narraciones más fascinantes del Mahabharata es la historia del nacimiento de Karna. El mito afirma que Kunti, la madre de los Pandavas, dio a luz a Karna antes de casarse con Pandu.

Según cuenta la historia, Kunti estaba intrigada y ansiosa por probar el poder de la bendición que le había concedido el sabio Durvasa. Quería probar esta habilidad de convocar a cualquier dios y tener un hijo con él.

Kunti tomó la decisión de probar algún día la efectividad de la bendición. Pidió un hijo a Surya, el dios del sol, y dio a luz a Karna. Sin embargo, Kunti abandonó al bebé Karna en una canasta y lo hizo flotar río abajo por temor a que tener un hijo fuera del matrimonio tuviera repercusiones sociales negativas.

Adhiratha y Radha, una pareja sin hijos, finalmente descubrieron la canasta y tomaron al bebé como propio. Le pusieron el nombre de Vasusena. El niño creció hasta convertirse en un hábil arquero y guerrero. Vasusena tenía una habilidad natural para las armas y Dhritarashtra pronto aprendió de sus habilidades.

Vasusena descubrió su verdadera identidad cuando creció y se dio cuenta de que era Karna, el hijo abandonado de Kunti. Al principio, la noticia lo devastó, pero pronto decidió demostrar que era un guerrero y ganarse la admiración y el respeto de sus compañeros soldados.

Hubo dificultades en el camino de Karna hacia la fama y la gloria. Debido a su origen humilde, experimentó prejuicios y burlas por parte de algunos sectores, pero se mantuvo imperturbable y dedicado a su formación. Karna rápidamente superó a muchos de sus contemporáneos en términos de su habilidad para usar el arco y la flecha, y se hizo conocido como un guerrero legendario.

Más tarde, durante la guerra de Kurukshetra, Karna se convirtió en un aliado crucial de los Kauravas, los primos de los Pandavas. Luchó valientemente por ellos, pero su lealtad al príncipe Kaurava y su compañero, Duryodhana, provocó su desaparición. Karna finalmente fue derrotado en una batalla brutal por Arjuna, uno de los hermanos Pandava, a pesar de su notable valentía y talento.

Muerte de Karna
https://commons.wikimedia.org/wiki/File:Death_of_Karna.jpg

El cuento de Drona

Drona era conocido por su destreza como guerrero, mentor y amigo. Sus hechos y su forma de vida fueron cruciales para las circunstancias que desencadenaron la guerra de Kurukshetra.

Drona es el maestro venerado tanto de los Kauravas como de los Pandavas a lo largo de la epopeya. Es un importante consejero y luchador en la narrativa. Drona es reconocido como el hijo del sabio Bharadvaja, aunque Drona no nació de madre. Bharadvaja ve una hermosa apsara (algo similar a una ninfa) y se siente abrumado por la lujuria. Derrama su semilla en una maceta y da a luz a Drona.

Bharadvaja enseña a Drona y al príncipe Drupada en su ermita. Enseña a los niños el conocimiento de las armas místicas conocidas como astras y técnicas militares superiores. Drona y Drupada se vuelven buenos amigos y Drona promete ayudar a Drupada por el resto de su vida. Finalmente, Drupada gana el trono de Panchala, mientras que Drona adopta un estilo de vida sencillo como hombre sabio y maestro. El capítulo también presenta a Ashwatthama, el hijo de Drona.

Drona era conocido por sus rigurosos métodos de enseñanza y evaluaba la lealtad de sus alumnos además de sus habilidades. Él fue quien estuvo detrás de convertir a Arjuna en un maestro arquero y un defensor comprometido de la moralidad. Arjuna recibió críticas de otros alumnos por tener preferencia, pero Drona defendió su decisión sometiendo a los demás estudiantes a una prueba de lealtad. Sólo Arjuna demostró una lealtad eterna.

Drona le enseñó a Arjuna el arte de la lucha, incluido cómo usar la espada Brahmastra. También enseñó al príncipe Duryodhana cómo convertirse en un guerrero competente y cómo destruir a los hermanos de Arjuna, los Pandavas. Drona apoyó a Duryodhana y su ejército durante la guerra de Kurukshetra. Era un oponente extremadamente duro y su dominio del Brahmastra, combinado con su destreza guerrera, lo hacía prácticamente imbatible.

Sin embargo, Drona resistió el intento de Duryodhana de utilizarlo para asesinar a los Pandavas porque entendió que iba en contra de su papel como maestro. Un maestro no debe dañar a sus propios alumnos. Cuando Duryodhana detectó sus desganas, engañó a Drona haciéndole creer que su hijo Ashwatthama había muerto en combate. Drona desató el Brahmastra en un momento de furia y desesperación, causando grandes daños y devastación.

Drona finalmente fue derrotado por los Pandavas en combate mediante astucia y engaño. Ambas partes lamentaron su fallecimiento, ya que era muy querido y reconocido por sus habilidades y carácter moral.

La historia de Drona en el Mahabharata sirve como advertencia sobre los peligros de la arrogancia, las represalias y la lealtad equivocada. Demuestra cómo incluso los más conocedores y sabios pueden sucumbir a sus emociones y olvidar su verdadera vocación en la vida.

Conclusión

El Mahabharata, una importante epopeya india antigua, describe un conflicto dinástico entre dos ramas de una dinastía real. Además de proporcionar información sobre la antigua civilización india, también explora una variedad de cuestiones filosóficas y éticas.

Hindi, tamil, telugu y bengalí son sólo algunos de los idiomas a los que se ha traducido la epopeya. Sus personajes y cuentos todavía están presentes en la cultura popular india y han servido de inspiración para varias obras de teatro, películas y programas de televisión. Los temas del dharma, el karma y el moksha siguen siendo importantes en el hinduismo y sus enseñanzas también han influido en la filosofía y la espiritualidad indias.

Capítulo 9: Cuentos del Ramayana

El Ramayana es la otra epopeya hindú importante. Esta epopeya sánscrita se atribuye en gran medida a Maharishi Valmiki, un poeta legendario de su época, que la compuso en algún momento después del 300 a. C. La epopeya consta de más de veinticuatro mil shlokas, o coplas, repartidas en siete libros.

El Ramayana sigue la vida y las aventuras de Rama durante su exilio. La epopeya tiene un gran valor en las tradiciones hindú y budista. La historia de Rama ilustra cómo debería ser una sociedad ideal, desde la formación del Estado hasta su gente. La narración de la historia, itihasa, se combina con moralejas y lecciones sobre la vida humana.

¿Quiénes eran Rama y Sita?

Rama y Sita
Ayan Gupta, CC BY-SA 3.0 <https://creativecommons.org/licenses/by-sa/3.0>, via Wikimedia Commons; https://commons.wikimedia.org/wiki/File:Ram-Sita.jpg

El protagonista, Rama, es un avatar del dios Vishnu. Rama era hijo de Dasharatha, el rey del Reino de Kosala. Después del matrimonio de Rama con Sita, su vida estuvo marcada por desafíos y tribulaciones que comenzaron con su exilio de su legítimo reino. Se sabe que Rama tiene tres hermanos: Lakshmana, Bharata y Shatrughna.

Como se mencionó, Rama fue la encarnación de Vishnu en forma humana. Según se informa, Vishnu asumió la responsabilidad de lidiar con Ravana, quien había sembrado el caos por todo el mundo. Hizo este voto cuando los semidioses acudieron a Brahma en busca de ayuda contra el demonio. Los textos describen los primeros años de vida y la educación de Rama como virtuosos. Rama era educado y amable y tenía una personalidad reservada. Le enseñaron los Vedas, los Vedangas (que ayudan en el estudio y la comprensión de los Vedas) y las artes marciales.

Además de la protagonista femenina del Ramayana, Sita fue la esposa de Rama y es considerada la encarnación humana de la diosa Lakshmi. Se la conoce como hija de la diosa de la tierra Bhumi, pero fue criada por el rey de Videha, Janaka, como su hija adoptiva. Se dice que el rey la encontró en un campo surcado, quien la acogió y la crió como si fuera suya.

Sita y Rama se casaron después de que Rama ganara un concurso de cuerda de arco. Sita lo eligió entre un grupo de pretendientes elegibles. Sita también decidió ir con él a Ayodhya, el lugar de nacimiento de Rama, para pasar sus vidas juntos. Ella lo acompañó en su posterior exilio. Gran parte del Ramayana se centra en los esfuerzos de Rama por recuperar a Sita cuando Ravana se la llevó. La epopeya también presenta otros personajes centrales de la historia.

Hanuman

Estatua de Hanuman

MatrixInDWD, CC BY-SA 4.0<https://creativecommons.org/licenses/by-sa/4.0>, vía Wikimedia Commons; https://commons.wikimedia.org/wiki/File:Statue_of_Lord_Hanuman_at_Dharwad.jpg

Un personaje central, Hanuman es un dios simio divino designado para ser compañero de Rama. Además de ser un avatar de Shiva, Hanuman es considerado el hijo de Vayu, el dios del viento. Se cree que Hanuman nació de Anjana y Kesari, pero se le considera el hijo espiritual de Vayu debido al papel que desempeñó el dios del viento en su nacimiento. Nació como un simio debido a una maldición impuesta a su madre por un sabio a quien ella había enojado.

Según la leyenda, el rey Dasharatha estaba realizando un ritual para tener hijos, durante el cual los dioses le dieron un pudín para que se lo diera a sus tres esposas. Este pudín permitió a sus esposas tener hijos. Un pájaro se llevó parte de este pudín. El viento empujó al pájaro hacia las manos extendidas de Kesara, que había estado orando para ser bendecida con un niño. Hanuman nació así por la gracia de Vayu.

Ravana.

Estatua de Ravana

Indi Samarajiva, CC BY 2.0 <https://creativecommons.org/licenses/by/2.0>, via Wikimedia Commons; https://commons.wikimedia.org/wiki/File:Ravana_Statue.jpg

Ravana actúa como antagonista en el Ramayana. Es el rey demonio de múltiples cabezas de Lanka. Si bien es un erudito erudito, Ravana es retratado como un personaje malvado que siembra conflictos y secuestra a la esposa de Rama. Nacido de Vishrava y Kaikesi como su hijo mayor, se sabe que Ravana es devoto de Shiva. A menudo se le representa con diez cabezas, aunque a veces se le muestra con nueve; en esos cuentos, cortó una cabeza en señal de devoción a Shiva.

Las actividades académicas de Ravana incluyen la autoría de Ravana Samhita, un libro sobre astrología, y también tenía conocimientos de medicina y política. Era un maestro de la veena. Brahma también le concedió a Ravana una bendición: el don de la inmortalidad, permitiéndole la invencibilidad de todas las creaciones de Brahma excepto los humanos. Ravana recibió armas, un carro y el poder de cambiar de forma de Brahma en respuesta a los sacrificios que hizo Ravana.

Exilio al bosque

Después de que Rama y Sita se casaran, los dos viajaron a Ayodhya para pasar sus vidas juntos. En ese momento, el rey Dasharatha, que había estado envejeciendo, estaba considerando darle la corona a su hijo mayor. Esta resultó ser una decisión popular en la corte y entre sus súbditos, quienes aprobaron al tranquilo y amable Rama como su rey. Pero esta decisión no le cayó bien a Kaikeyi, la segunda esposa del rey y madrastra de Rama. En ausencia de Rama, después de que el rey tomó la decisión de quién ascendería a su trono, la reina le recordó la promesa que le había hecho hacía un tiempo de cumplir con cualquier cosa que ella le pidiera.

El rey lo recordó y quedó obligado por su promesa, por lo que accedió a escuchar su petición. La reina exigió que Rama fuera exiliado al bosque de Dandaka durante catorce años, dándole a su hijo, Bharata, tiempo suficiente para convertirse en rey y ganarse el favor del pueblo. Esta petición no fue bien recibida por ningún miembro de la familia real. Incluso Bharata se opuso a la petición de su madre. Sin embargo, Rama quería que su padre cumpliera la promesa que le había hecho a su esposa, afirmando que no deseaba un trono ni otros adornos materiales del mundo terrenal.

En contra de los deseos de otros, incluidos su padre y su hermano, Rama decidió exiliarse como le había pedido su madrastra después de discutir el asunto con Sita. Mientras Dasharatha se lamentaba por la petición de Kaikeyi, y aunque Bharata le pidió a su hermano que no fuera, emprendió este viaje, afirmando que el tiempo pasa rápidamente. Cuando se marchaba, Bharata le prometió a Rama que gobernaría el reino en su nombre hasta su regreso. Cuando Rama y Sita partieron al exilio, fueron seguidos por Lakshmana, quien acompañó a Rama por amor fraternal.

El período del exilio

Después de que Rama y Sita abandonaron el Reino de Kosala, pasaron algún tiempo a orillas del río Mandakini en una región llamada Chitrakoot, ubicada en las fronteras de lo que hoy es Madhya Pradesh y Uttar Pradesh. Durante este tiempo, Rama y Sita se quedaron con un sabio llamado Vasishtha. Rama también conoció a Shabari, una devota suya, quien le ofreció sus propias bayas a Rama para que las comiera, probando primero cada una para asegurarse de que fuera dulce.

Los siguientes años de exilio transcurrieron mientras Rama y Sita deambulaban por los bosques y vivían con varios sabios, como Atri. Los dos vivieron una vida tranquila y sencilla en la naturaleza, ofreciendo protección de los demonios a aquellos que eran acosados y perseguidos e intentando vivir humildemente sin depender de las comodidades materiales del mundo. Los dos vivieron de esta manera durante los siguientes diez años hasta que Ravana dirigió su atención hacia ellos.

El secuestro de Sita

Después de diez años de exilio, Rama y Sita se establecieron a orillas del río Godavari en un lugar llamado Panchavati. Esta región estaba plagada de demonios, y uno de esos demonios trajo el caos a las vidas de Rama y Sati. Surpanakha, de quien se dice que es la hermana de Ravana y podría haber sido enviada por él, vio a Rama y se enamoró de él. Ella intentó seducirlo, pero sus insinuaciones fueron rechazadas.

Enfurecido, Surpanakha amenazó a Sati y, en respuesta, Lakshmana le cortó la nariz y las orejas. Estos hechos llegaron a Ravana, quien buscó vengarse de Rama por el trato dado a su hermana. Localizó a Rama y Sati, pero cuando vio a Sati, quedó encantado con su belleza y comenzó a idear un plan para obtenerla.

Ordenó a su sirvienta, Maricha, que se disfrazara de ciervo dorado. This deer was meant to lure Rama and Lakshmana away from Sita. Sin embargo, Rama y Lakshmana no olvidaron a Sita en su prisa. Lakshmana trazó un círculo protector alrededor de Sita, prohibiéndole salir de él hasta que los dos regresaran., Sin embargo, Ravana conocía la bondad de Sita. Se apareció ante ella como un viejo mendigo pidiendo comida. Compasado, Sita salió del círculo y Ravana pudo agarrarla y arrojarla en su carro volador. Al escuchar sus gritos pidiendo ayuda, un pájaro que pasaba, Jatayu, trató de salvarla, solo para que Ravana le cortara las alas. Con la esperanza de ser rescatada, Sita arrojó su collar para que Rama pudiera encontrarla.

La derrota de Ravana

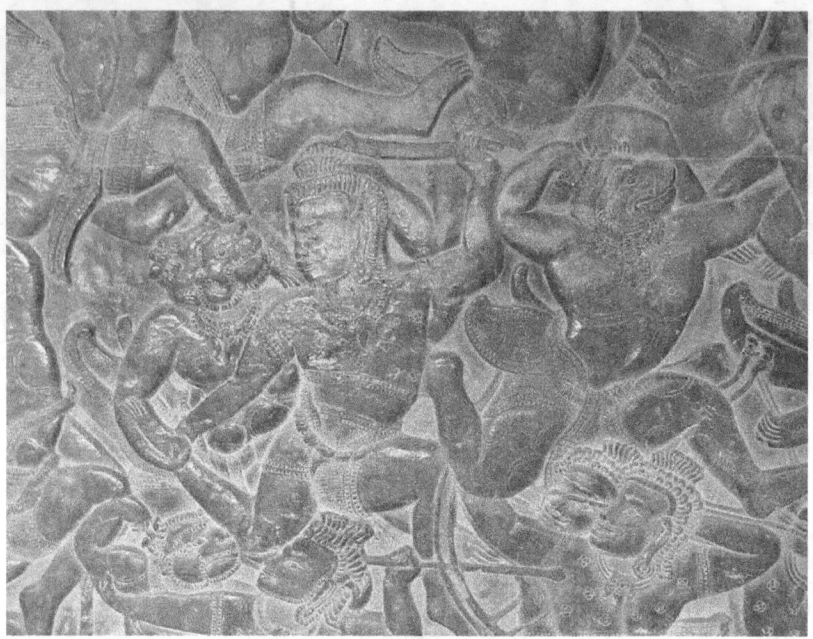

La batalla de Lanka en Angkor Wat
Foto Dharma de Penang, Malasia, CC BY 2.0<https://creativecommons.org/licenses/by/2.0> , vía Wikimedia Commons; https://commons.wikimedia.org/wiki/File:Angkor_Wat_-_103_Battle_of_Lanka_(8581635902).jpg

Cuando Rama y Lakshmana regresaron, se enteraron del secuestro de Sita por parte de Jatayu. Los dos inmediatamente partieron en busca de Sita, pero se desesperaron porque no tenían medios para viajar rápidamente ni nada que los ayudara en su viaje. No tenían recursos para luchar contra Ravana y liberar a Sita. Viajando hacia el sur, se encontraron con el sabio Shabari, quien los llevó a Hanuman.

Lakshmana y Rama se dirigieron al Reino de los Monos de Vanara para encontrarse con Hanuman, que era un devoto de Rama y un héroe simio. Hanuman era ministro de Sugriva, quien había sido desterrado de su legítimo trono de Kishkindha por su hermano Vali. Para ganarse el apoyo y la confianza de Sugriva, Rama y Lakshmana decidieron ayudarlo matando a Vali y estableciéndolo como jefe de su reino. A cambio, Sugriva prometió ayudar a rescatar a Sita.

Sin embargo, Sugriva quedó atrapado en su reino recién recuperado y olvidó sus promesas a Rama. Lakshmana se enojó por la traición y, en su ira, amenazó con destruir la ciudadela de los simios sobre la que reinaba Sugriva. Pero antes de que esto pudiera suceder, intervino Tara, la ex reina simio y esposa de Vali. Convenció a Sugriva para que cumpliera su palabra.

Por lo tanto, se enviaron grupos de búsqueda al norte, este, oeste y sur. Tres grupos regresaron sin noticias, pues no habían oído nada de Ravana o Sita. El partido del sur, liderado por Angada y Hanuman, se enteró por un buitre, un hermano de Jatayu, que Ravana había llevado a Sita a la tierra de Lanka, que se refiere a la actual Sri Lanka. Ravana había intentado convencer a Sita de que se convirtiera en su consorte, pero ella rechazó repetidamente sus avances.

Las hazañas de Hanuman

Armado con el conocimiento de la ubicación de Sita, Hanuman tomó la iniciativa, adoptó la forma de un simio gigantesco y saltó a través del mar hacia Lanka. Su viaje a Lanka estuvo plagado de pruebas y desafíos, incluido un demonio que desafió sus habilidades y una montaña que le ofreció descanso y consuelo. Sin embargo, Hanuman demostró su valía una y otra vez. Cuando finalmente llegó a Lanka, se encontró con el demonio Lankini, encargado de proteger Lanka.,

Lankini había visto el fin de Lanka en caso de que cayera. Hanuman pudo derrotarla y así pudo entrar en Lanka. Una vez dentro, Hanuman espió a Ravana y pudo localizar dónde estaba detenida Sita. También fue testigo de cómo Ravana la aterrorizaba y amenazaba en un intento de convencerla de que se convirtiera en su esposa.

Cuando Ravana y sus guardias demoníacos se fueron, Hanuman pudo acercarse a Sita. Él le aseguró que Rama todavía estaba vivo y le ofreció su anillo de sello como prueba de la existencia de su marido. Luego se ofreció a llevarla de regreso con Rama. Sita se negó, afirmando que Rama debía realizar ese rescate para vengarla. Como prueba de que estaba viva, Sita le dio a Hanuman su peine para que se lo diera a Rama.

Antes de que Hanuman se fuera para informar a Rama de lo que había sucedido entre él y Sita, decidió crearle problemas a Ravana. Hanuman causó estragos en Lanka arrancando árboles, destruyendo edificios y matando a muchos de los soldados de Ravana. Para reunirse con Ravana, Hanuman se dejó capturar. Cuando estuvo ante Ravana, exigió que el demonio liberara a Sita. En respuesta, Ravana prendió fuego a la cola de Hanuman. Hanuman escapó, saltando de techo en techo y prendiendo fuego a la ciudadela de Ravana. Luego regresó a Kishkindha para darle la noticia a Rama.

La guerra entre Rama y Ravana

Tras el regreso de Hanuman, Rama y Lakshmana comenzaron a preparar sus ejércitos para marchar hacia Lanka. En la orilla del mar del sur, se les unió el hermano de Ravana, Vibhishana, quien buscó venganza contra Ravana por haberlo expulsado del reino. Mientras los ejércitos intentaban cruzar el mar, los simios Nila y Nala crearon un puente flotante hecho de piedras que tenían escrito el nombre de Rama. Estas piedras fueron bendecidas y no podían hundirse. En otras narraciones, la maldición de un sabio impidió que todo lo arrojado por los dos se hundiera.

Después de que los ejércitos cruzaron el mar y entraron en Lanka, comenzó una larga guerra. Lakshmana resultó gravemente herido por un arma poderosa disparada por el hijo de Ravana, Indrajit. En respuesta, Hanuman asumió nuevamente su gigantesca forma de simio y saltó de Lanka al Himalaya en busca de una hierba que pudiera curar a Lakshmana. Cuando no pudo encontrarlo, tomó toda la montaña y la trajo de regreso a Lanka. La guerra finalmente llegó a su fin cuando Rama pudo matar a Ravana. Puso a Vibhishana en el trono.

Rama finalmente pudo liberar a Sita y, al encontrarse, le aseguró que el deshonor de su secuestro había sido vengado. Sin embargo, el regreso de Sita no fue recibido con alegría por todos. Muchos en el reino de Rama plantearon dudas sobre la pureza de Sita. En respuesta, Rama despidió a Sita y le dijo que buscara otro refugio. Buscando demostrar su fidelidad, Sita le pidió a Lakshmana que le construyera una pira. Orando al dios del fuego, Agni, Sita caminó hacia el fuego furioso. Agni apareció de las llamas, llevando a Sita en sus brazos, demostrando así su pureza. Luego, Sita se reunió alegremente con Rama.

El reinado de Rama en Ayodhya

Tras el final de su exilio, Rama y Sita regresaron a Ayodhya, acompañados por Lakshmana y Hanuman. Allí, los dos fueron coronados rey y reina, pero sus días de prosperidad estaban contados. A pesar de la prueba de pureza de Sita al caminar a través del fuego, los súbditos de Rama nuevamente cuestionaron su lealtad, ya que había residido en la casa de otro hombre. Si bien Rama estaba furioso por las acusaciones, se vio obligado a enviar a Sita al exilio en el bosque mientras estaba embarazada.

Sita daría a luz a sus gemelas, Lava y Kusha, mientras estaba en el exilio. Cuando los hermanos crecieron, entraron en guerra con el Reino de Kosala, derrotando a todo el ejército de Ayodhya, así como a Lakshmana, Shatrughna y Bharata. Incluso tomaron cautivo a Hanuman. No fue hasta que llegó Rama que los dos hermanos fueron derrotados y llevados de regreso a Ayodhya, donde intentaron convencer a la gente del sacrificio de Sita. Sólo cuando Sita emergió, Rama se dio cuenta de que los hermanos capturados eran sus propios hijos.

Sita todavía enfrentaba desafíos a su carácter. Abrumada, declaró que la tierra se la tragaría entera si era pura y, efectivamente, la tierra bajo sus pies se abrió y se la tragó.

El resto del gobierno de Rama transcurrió sin incidentes. Finalmente, él, junto con sus hermanos, abandonaron el mundo. Regresó a su verdadera forma como Vishnu y se reunió con Sita, quien ya había tomado su verdadera forma como Lakshmi.

Conclusión

La mitología india forma una parte importante del sistema de creencias religiosas en la India y continúa impactando las prácticas culturales de muchas regiones del sudeste asiático. Además de contribuir a las creencias y prácticas religiosas, también tuvo un impacto significativo en el arte, la poesía, el teatro y otras obras de ficción. Ha inspirado otras formas de expresión artística, incluidas formas de danza únicas, como Kathak y Bharatnatyam, que incorporan muchas características de la mitología hindú en sus movimientos. La mitología india también ha inspirado la música tradicional, como la música creada con el sitar y la tabla.

La mitología hindú ha influido en muchas culturas fuera de la India. La moneda indonesia, por ejemplo, representa a Ganesha, mostrando el impacto del hinduismo en la historia y la cultura del país. Incluso los videojuegos, como el Indus Battle Royale, cuyas imágenes se reprodujeron en Times Square en la ciudad de Nueva York en 2022, representan a Ganesha y otros aspectos de la mitología hindú. Incluso hay una estatua de Shiva fuera del edificio del CERN en Suiza.

El concepto de indofuturismo ha conquistado al mundo. El concepto visualiza un mundo futurista a través de la ciencia ficción, el arte y la música donde la civilización del Valle del Indo habita en otro planeta en lugar de extinguirse. Esta idea presenta muchos elementos de la mitología y la espiritualidad hindú, como mostrar a Jatayu con alas de fénix. Si bien el concepto en sí fue creado para desafiar la historia colonial de la India y las visiones occidentales del futuro, se ha convertido en una visión cada vez más común en la cultura popular.

Si bien retrata quizás los aspectos menos conocidos de la mitología hindú, este concepto intenta mostrar la mitología india como el faro del futuro. En esencia, el indofuturismo ofrece un vistazo al futuro a través de la música, el arte, el cine, la televisión, la ciencia ficción e incluso los videojuegos y arroja luz sobre la mitología que estaba fuera de lugar en los anales de la historia colonial.

Esperamos que haya disfrutado de esta mirada introductoria a la mitología india y le animamos a que eche un vistazo a nuestra bibliografía para seguir aprendiendo sobre este fascinante aspecto de la cultura india.

Vea más libros escritos por Enthralling History

Bibliografía

Britannica, Los editores de la enciclopedia. "Durga | Diosa, personalidad e historia". Enciclopedia Británica, 2023, https://www.britannica.com/topic/Durga.

Britannica, Los editores de la enciclopedia. "Lakshmi | Deidad hindú | Británica". Enciclopedia Británica, 5 de abril de 2023, https://www.britannica.com/topic/Lakshmi.

La biblioteca británica. "Princess Sita's Kidnap - The Ramayana". The British Library, 2022

La biblioteca británica. "Guía rápida del Ramayana". La Biblioteca Británica,

Brown, Norman W. "Teorías de la creación en el Rig Veda". Revista de la Sociedad Oriental Americana, vol. 85, no. 1, 1965, pp. 23-25. JSTOR, https://doi.org/10.2307/597699.

Burke, Elisabeth. "Himno védico de la creación". Humanidades LibreTexts, 5 de mayo de 2021, https://human.libretexts.org/Bookshelves/Religious_Studies/Scriptures_of_the_Worlds_Religions_(Burke)/02%3A_Hindu_Scriptures/2.01%3A_Vedic_Creation_Hymn.

Cartwright, Mark, et al. "Lakshmi". Enciclopedia de Historia Mundial, 14 de agosto de 2015, https://www.worldhistory.org/Lakshmi/.

Cartwright, Mark, et al. "Saraswati". Enciclopedia de Historia Mundial, 25 de noviembre de 2015, https://www.worldhistory.org/Sarasvati/.

Chandran, Nyshka. "Un universo indio sin disculpas'". BBC, 9 de enero de 2023, https://www.bbc.com/culture/article/20230106-the-ancient-indian-myths-resonating-now.

"CHAPTER IX. LA CUENTA PURĀNICA DE LA CREACIÓN". Mitología hindú: védica y puránica, por William Joseph Wilkins, DK Printworld (P) Limited, 2003.

Doniger, Wendy. "Ganesha | Significado, simbolismo y hechos | Británica". Enciclopedia Británica, 1 de abril de 2023, https://www.britannica.com/topic/Ganesha.

Doniger, Wendy. "Parvati, deidad hindú". Enciclopedia Británica, 1 de abril de 2023, https://www.britannica.com/topic/Parvati.

Doniger, Wendy. "Purana | Literatura hindú | Británica". Enciclopedia Británica, 2022, https://www.britannica.com/topic/Purana.

Universidad Emory. "Maa Saraswati | Emory | Museo Michael C. Carlos". el Museo Carlos, 2013, https://carlos.emory.edu/maa-saraswati.

"Ganesh y Chakra Raíz, Relación del Señor Ganpati con Muladhara Chakra - Centro Rudraksha". Rudraksha Ratna, 2020, https://www.rudraksha-ratna.com/articles/ganesh-the-god-of-root-chakra.

El Jardín de la Diosa. "La diosa hindú Parvati". The Goddess Garden, 9 de noviembre de 2018, https://thegoddessgarden.com/the-hindu-goddess-parvati/.

Heaphy, Linda. "El dios hindú Ganesh: ¿quién es este tipo con cabeza de elefante?". Kashgar, 2020, https://kashgar.com.au/blogs/gods-goddesses/the-hindu-god-ganesh-who-is-this-elephant-headed-deity-anyway.

HISTORIA. "Hinduismo: orígenes, hechos y creencias". HISTORIA, 2019, https://www.history.com/topics/religion/hinduism.

Liu, H. "Multiverso (Religión)". Enciclopedia de la comunidad académica, Enciclopedia MDPI, 21 de noviembre de 2022, https://encyclopedia.pub/entry/35469.

Lotus Sculpture. "Ganesha Dios hindú, el Eliminador de obstáculos, aprenda sobre Ganesh". Lotus Sculpture, 2022, https://www.lotussculpture.com/ganesha-hindu-god-ganapati-elephant-meaning-symbolism.html.

Marin, Kimi. "Tu poder base: Ganesha y el primer chakra - Beyogi". beYogi, 22 de junio de 2015, https://beyogi.com/your-base-power-ganesha-first-chakra/.

Mathur, Priyanshi. "Ganesh Chaturthi 2019: 10 historias breves menos conocidas de Bal Ganesha que debes conocer". Indiatimes.com, 9 de octubre de 2019, https://www.indiatimes.com/trending/social-relevance/ganesh-chaturthi-short-stories-374788.html.

Murphy, Anne. "Ramayana". Sociedad Asiática, 2020, https://asiasociety.org/education/Ramayana.

Enciclopedia del Nuevo Mundo. "Parvati". Enciclopedia del Nuevo Mundo, 2023, https://www.newworldencyclopedia.org/entry/Parvati.

Pattanaik, Devdutt. "Artículo de portada de HT Brunch: 5 historias del Ramayana que no has escuchado antes". Hindustan Times,

Rajhans, Gyan. "La diosa Durga: la madre del universo hindú". Learn Religions, 14 de enero de 2019, https://www.learnreligions.com/goddess-durga-1770363.

Sahota, Peter. "Creación en el Rig Veda. Una de sus varias narrativas en… | de Peter Sahota | Deseo de Pensar". Medio, 23 de febrero de 2020, https://medium.com/desiretothink/creation-in-the-rig-veda-8772c3569d20.

Shreemaa. "Historia de cómo Ravana secuestró a Sita". Devi Mandir, 2023, https://www.shreemaa.org/story-how-ravana-kidnapped-sita/.

Singh, Soham. "La mitología hindú de la India y su influencia en la cultura oriental". Gobookmart, 3 de enero de 2023, https://gobookmart.com/the-hindu-mythology-of-india-and-its-influence-on-eastern-culture/.

Sivananda, Sri Swami. "Ganesha - La Sociedad de la Vida Divina". La Sociedad de la Vida Divina, 2020, https://www.dlshq.org/religions/ganesha/.

TemplePurohit. "Historias de Ganesha: las 7 historias más populares de Ganesha". TemplePurohit, 5 de marzo de 2022, https://www.templepurohit.com/ganesha-stories-7-popular-stories-of-ganesha/.

Trivedi, Raj. "Cuentos populares del Ramayana: Mitos parlantes". Mitos parlantes, 2020, https://talkingmyths.com/category/folktale/folktales-from-Ramayana/.

Universidad de Columbia Britanica. "Teoría védica de la creación". Ciencias de la Computación de la UBC, 2006, https://www.cs.ubc.ca/~goyal/creation.php

www.ingramcontent.com/pod-product-compliance
Lightning Source LLC
Chambersburg PA
CBHW070337010526
44107CB00004B/539